Bernhard Rapp

Fernes Land, leuchtendes All

Bernhard Rapp

Fernes Land, leuchtendes All

Reisende berichten über den Sternenhimmel

Tectum Verlag

Bernhard Rapp

Fernes Land, leuchtendes All. Reisende berichten über den Sternenhimmel

ISBN: 978-3-8288-2941-1

Umschlagabbildung: © Tunç Tezel, Bursa/Türkei
Umschlaggestaltung: Heike Amthor | Tectum Verlag
Druck und Bindung: Schaltungsdienst Lange, Berlin
Printed in Germany

Besuchen Sie uns im Internet
www.tectum-verlag.de

Bibliografische Informationen der Deutschen Nationalbibliothek
Die Deutsche Nationalbibliothek verzeichnet diese Publikation in der Deutschen Nationalbibliografie; detaillierte bibliografische Angaben sind im Internet über http://dnb.ddb.de abrufbar.

Schon sahen in der nacht wir alle sterne
Des andern pols · die unsren so in tiefen
Dass sie nicht tauchten aus der meeresferne.

Dante, *Die Göttliche Komödie* (Hölle, XXVI. Gesang, Übertragung von Stefan George)

Inhalt

Der Weg zum ersehnten Ziel ist selten leicht – unzählige Bilder und Metaphern illustrieren diesen Gemeinplatz. Dass indes nicht nur der metaphorische, sondern gerade der reale ,Weg zu den Sternen' beschwerlich sein kann, stellen Reisende immer wieder fest.

Staub auf den Schuhen

Den Sternenhimmel erreisen

Dieses Bild zwangsläufig vorgeschalteter Strapazen hat noch alle Umläufe des Himmelsgewölbes überdauert: Einzig der raue, der beschwerliche Weg führe zu den Sternen, *per aspera ad astra*, sagt man seit jeher.

Wie vielen Heranwachsenden mag diese Belehrung aus dem Mund von Erziehungsberechtigten schon in den Ohren geklungen haben? Zur Beruhigung künftiger Jahrgänge wäre anzumerken, dass der darin mitschwingende selbstzufriedene Unterton bereits einen nicht unwesentlichen Teil der unterwegs wartenden Strapazen ausmacht. Seltsam bloß, dass Eltern, Lehrer und andere Altvordere nicht nur immer schon auf einen solchen Weg zurückblicken können, sondern dass sie nach den überstandenen Strapazen auch noch genug Energie aufbringen, ihn bei jeder sich bietenden Gelegenheit als nervtötendes Exempel ins Feld zu führen. Eigentlich zum Davonlaufen.

Diejenigen, die die Flucht tatsächlich einmal antreten, machen mitunter eine erstaunliche Erfahrung: Man braucht den penetranten Rat von Lateinern und Erziehern in der Tat nur wörtlich nehmen, um das in Aussicht gestellte Ziel, zumindest seine reelle Manifestation – also das Licht der Sterne, nicht unbedingt dasjenige der absoluten Vernunft oder gar der letzten Weisheit – auch zu erreichen. Es gilt offenbar zunächst schlicht, das Sprichwort körperlich umzusetzen. Wer die scheinbar unbeweglichen Fixsterne sehen (und später darüber berichten) will, der muss sich selbst in Bewegung setzen, der muss auf Reisen gehen. Und unter Umständen wird ihn der Weg dann weit in Richtung „des andern pols" (Dante) führen, wo die heimischen Sterne und mit ihnen die gewohnten Orientierungssysteme aus dem Blick geraten. Aus dem ein oder anderen zunächst schamvoll Belehrten wird ein trittsicherer Wanderer, ein aufgeklärter Reisender oder gar ein weltgewandter Abenteurer. Er hat den Daheimgebliebenen nach seiner Rückkehr mehr voraus als nur den Staub des rauen Weges auf seinen Schuhen – und weiß diesen Vorsprung vielleicht sogar in literarische Produktion umzumünzen. Der Philosoph Hans Blumenberg hat diesen Erfahrungs- und Erkenntnisvorsprung im Bezug auf das so erreiste nächtliche Himmelstreiben einmal in eine prägnante Gegenüberstellung gefasst: Für den Reisenden unserer Zeit und unserer Breiten bekämen mit einem Mal die „im trivialen Bürgerleben verschlafenen Nächte [...] ihre Auffälligkeit wie die plötzlichen Sonnenuntergänge der Tropen und die Greifbarkeit der dann aufleuchtenden Sterne."[1]

Der über das Sprichwort hinausgehende physikalische Zusammenhang zwischen mühseliger körperlicher Ortsveränderung und einem sich in der Folge enttrübenden Blick zum Firmament gilt heute, in Zeiten einer beinahe allgegenwärtigen Lichtverschmutzung, die den meisten Menschen zuhause den Anblick eines sternenübersäten Himmels verwehrt, mehr denn je. Die enge Beziehung zwischen Reisen und nocturner Himmelsschau lässt sich aber auch unter weniger drastischen Vorzeichen betrachten, ohne dass diese Betrachtung an Reiz einbüßt. Wer reist, blickt mit hoher Wahrscheinlichkeit unterwegs irgendwann und irgendwie einmal zu den Sternen hinauf. Zumal dann, wenn die Route fernab der Zivilisation verläuft, und der Reisende in der dann vielleicht sogar mondlosen Dunkelheit genügend Zeit und Muße für den Blick zum Himmelsgewölbe findet.

Man reist also, so könnte man zusammenfassen, nicht allein *im* Licht der Sterne, wie der Schriftsteller Alex Capus seinen Roman über einen der großen Reisenden des 19. Jahrhunderts – Robert Louis Stevenson – betitelt.[2] Man reist auch hin *zum* Licht nicht nur *des* einen Sterns – unsere Sonne –, der am klimatisch vorteilhaften Zielort hoffentlich die ersehnte Wärme spendet, sondern auch *zum* Licht *der* Sterne, die zuhause nicht mehr oder niemals scheinen.

Über solche nicht all-nächtlichen Eindrücke berichten manche Heimkehrer in Büchern. Unter den bekannteren Autoren reichen die Namen von Dante Alighieri, der in der *Göttlichen Komödie*, einem phantastischen Reisebericht *avant la lettre*, sein literarisch-fiktives Ich durch Hölle und Fegefeuer ins Paradies schickt, bis Alexander von Humboldt, dem weitgereisten und weltgewandten Naturwissenschaftler und Völkerkundler. Auch der berühmte Georg Forster, der James Cook auf dessen zweiter Weltumseglung begleitet hatte, weiß in seiner *Reise um die Welt* von nächtlichen Himmelserscheinungen zu berichten. Ausführlicher und mit viel astronomischer Beobachtungsgabe lässt sich Robert Louis Stevenson, der Autor der *Schatzinsel*, der Jahre vor seinem literarischen Welterfolg durch die Cevennen gewandert war, über die Sterne aus. Selbst heute noch, in Zeiten von Reisen per Flugzeug, von Mondflug, Marssonden und Weltraumteleskopen, die in die Tiefen des Universums blicken und unvergleichliche Bilder liefern, thematisiert die Reiseliteratur den Anblick des Sternenhimmels. Sie tut dies in verlässlicher Regelmäßigkeit. Ganz gleich, ob sich die Autoren an Bord eines modernen Frachtschiffs einquartiert haben, wie zum Beispiel der deutsche Journalist und Buchautor Wolfgang Büscher, oder ob sie ganz allein zu Fuß Europa durchqueren, wie der schon zu Lebzeiten legendäre Engländer Patrick Leigh Fermor.

So unterschiedlich die Berichte dieser Reisenden, ihre jeweilige Entstehungszeit und die konkreten Reiseanlässe zunächst auch sind, sie teilen den Umstand, dass ihre Erzähler wenigstens hin und wieder den nächtlichen Himmel betrachten und sich dann über Schauen und Geschautes ihre Gedanken machen.

Zwar geschieht das nur selten in größerem Umfang und mit erklärt astronomisch-wissenschaftlichen Ambitionen, dafür häufig sehr nachdenklich, hellsichtig und beredt. Auf diese Weise entsteht jedes Mal ein Stück Poesie der Sternennacht, eine in eine sinnvolle Form gebrachte oder „ästhetisch gebildete[...] Nacht", wie die Kulturwissenschaftlerin Elisabeth Bronfen den künstlerischen Umgang mit der wiederkehrenden Dunkelheit nennt.[3]

Aus Sicht der Astronomiegeschichtsschreibung, die die verstreuten Passagen über die Sterne in Reiseberichten unberücksichtigt lässt, weil sie nicht zu ihrem Quellenrepertoire zählen (wenigstens solange es sich nicht um reisende Astronomen handelt), ist am weiten und strapazenreichen Weg zu den Sternen dagegen nicht unbedingt so viel dran. Die Menschen verstärken die systematische Beobachtung des nie still stehenden Himmelsgewölbes ausgerechnet zu jener Zeit, zu der sie sich nach und nach an festen Orten niederlassen und sich den Staub ihrer wohl Jahrzehntausende dauernden Wanderschaft von den Kleidern klopfen. Der Grund hierfür ist so einfach wie schlagend: Durch den sich nun intensivierenden Ackerbau wird es in dieser Phase der Menschheitsgeschichte überlebenswichtig, die Aussaat- und Erntezeiten kalendarisch exakt zu bestimmen und sicher zu tradieren. Verlässlichkeit ist also gefragt. Was liegt da näher, als sich den nahezu unveränderlichen Lauf der Fixsterne über das Firmament einmal genauer anzuschauen und darüber Buch zu führen.[4] Das aber ist die lange Geburtsstunde unserer heutigen Astronomie und zugleich diejenige ihrer exzessiven Verschriftlichung.

Anders in neuzeitlichen Reiseberichten. Dort wird Jahrtausende später die Sternbetrachtung wieder an die eigene Ortsveränderung geknüpft und findet auf diese Weise Eingang in die Bücher. Als sich einzelne Reisende mit wohl kaum mehr als einer vagen Vorstellung vom Nomadenleben ihrer Vorfahren erneut in Bewegung setzen und darüber schreiben, entdecken manche von ihnen auch den nächtlichen Sternenhimmel über sich neu.

Bruce Chatwin, der vielleicht berühmteste Reiseschriftsteller des 20. Jahrhunderts, hat nicht von ungefähr darüber spekuliert, ob es eine tieferliegende Verbindung gibt zwischen der Unrast des Menschen unserer Tage (und derjenigen seiner nomadischen Vorfahren) und der permanenten kosmischen Himmelsbewegung.[5]

Sicher ist: Die Reisenden berichten über die Sterne, die sie unterwegs zu Gesicht bekommen. Sie schreiben darüber als wissbegierige Naturforscher, aber auch als belesene Literaten und genießende Ästheten, die den ungewohnten und inzwischen von nahezu jeder unmittelbaren Alltagsfunktion entkoppelten Anblick in sich aufnehmen und an ihre Leser weitergeben. Was aber treibt die Autoren insbesondere seit dem ausgehenden 18. Jahrhundert an, dass sie auf ihren Ausfahrten und Wanderungen diesen Anblick immer wieder thematisieren? Welche persönlichen Vorlieben, welche gesellschaftlichen Prägungen und Denkweisen stecken hinter den Erzählungen dieser Augen-Blicke?

Zunächst wäre eigentlich Schweigen über das nächtliche Schauspiel zu erwarten. Gibt es doch auf einer Reise buchstäblich Naheliegenderes, ja geht der Reiz des Neuen hier gerade von den Dingen aus, denen sich die Autoren durch die lang geplante und oft entbehrungsreiche Ortsveränderung zumindest körperlich angenähert haben. Nun können sie endlich unbekannte Länder, wo fremde Menschen mit manchmal merkwürdigen Sitten wohnen, wo gefährliche Tiere durch das Unterholz schleichen und exotische Pflanzen am Wegrand darauf warten gepflückt zu werden, hautnah erleben und dem Leser in spannenden Berichten präsentieren. Fast so, als wäre er selbst dabei. Den Kopf ausgerechnet auf unbekanntem Terrain in den Nacken zu legen, bürge die bildliche Gefahr eines zweiten Brunnensturzes, durch den schon einmal ein Himmelsversessener für seine Weltvergessenheit bestraft wurde.[6] Was dagegen erwartet einen Humboldt oder einen Darwin nicht alles im südamerikanischen Urwald, nachdem sich die Augen der Forscher erst einmal an das Halbdunkel und ihre Körper an die drückende Schwüle dort gewöhnt haben? Welche erlesenen Kunstschätze bekommt anders wohl ein Patrick Leigh Fermor auf einem alten rumänischen Landschloss vom Besitzer höchstselbst gezeigt, welcher schmackhafte Fisch verirrt sich auf die Holzplanken der Kon-Tiki und dient den ausgemergelten Seefahrern um Thor Heyerdahl als willkommene Bereicherung des Speiseplans? Solches vor allen Dingen will der Leser daheim erfahren, fallen diese Bücher in seine Hände. Die Reiseliteratur stillt seinen Wissensdurst und bedient damit schließlich auch sein unausgesprochenes Fernweh, indem sie ihn mit detaillierten Schilderungen und kuriosen Anekdoten versorgt. Bei so viel Neuem vor der Nase, wo bleibt da Platz für das ferne Funkeln, wenn nicht ganz am Rande eines Berichtes? Und in der Tat: Meistens muss der Leser entsprechende Passagen in den Texten mühsam suchen, findet sie dann aber doch, ganz über den Text verstreut.

Vor allen Dingen brauchen die zuhause gebliebenen Zeitgenossen die Sterne nicht mehr. Sie haben sich an den Himmel allein „durch seine Unausweichlichkeit", wie Stephan Cartier es formuliert hat, gewöhnt.[7] Gleichzeitig besitzen seine nächtlichen Zeichen für sie keine Funktion mehr. Saat- und Erntezeiten sind Kalendern zu entnehmen, die sich seit vielen Jahrhunderten bewährt haben. Kurzweilige Geschichten liest man besser in Büchern nach, oder lässt sie sich auf Bühne und Leinwand erzählen, als dass man eigens eine kundige Zeigehand hierbei bemüht, die sie während einer kühlen Nacht am Himmel umständlich aus den Sternbildern zusammendeutet. Und was die Zukunft bringt, ist ohnehin dem Zeitungshoroskop jeden Morgen bei anbrechendem Tageslicht und frischem Kaffee höchst zuverlässig zu entnehmen. So lohnt auch unter prognostischen Gesichtspunkten der eigene Blick zu den Fix- und Wandelsternen, deren Bewegungen längst entzaubert sind, kaum noch.

Doch damit stehen zwei Fragen im Raum: Weshalb dann überhaupt und auf welche Weise thematisieren Reiseberichte eigentlich die Nacht und das, was während ihres Verlaufs dem Blick hinauf ans mondlose, dunkle, sternenübersäte Firmament sich bietet? Und damit einhergehend: Welche Rückschlüsse erlauben sie auf die Verfassung desjenigen, der berichtet und der über den Text den Leser mit hinauf schauen lässt?

Um hier ein wenig Licht ins Dunkel zu bringen, habe ich literarische und populärwissenschaftliche Reiseberichte aus mehreren Jahrhunderten durchstöbert und nach Passagen der Sternenbeobachtung Ausschau gehalten. Anhand einer subjektiven Auswahl der gefundenen Stellen werde ich zeigen, unter welchen Vorzeichen Sternennächte zu einem Gegenstand dieser Berichte gemacht werden und welchen Zweck diese spezielle Form der Verschriftlichung, ja Literarisierung von Himmelsbeobachtungen erfüllt.

Vom Weg zu den Sternen – im übertragenen wie im wörtlichen Sinn – war bis hierher die Rede. Doch wie sieht derjenige aus, dem dieses Buch folgt? Im Wesentlichen ist die weitere Kapitelabfolge einer Reihe von Überlegungen geschuldet, die eine Steigerungsbewegung vorgeben: Von Texten und Textpassagen, in denen die Sterne allenfalls eine marginale Rolle einnehmen bis zum Lob der sternengekrönten Nacht, von ihrer Negation hin zur Sternenfeier wird die ‚Reise' führen.

Die erste Beobachtung, dass es vorzugsweise einer gewissen Wegstrecke zu den Sternen bedarf, wurde bereits eingangs formuliert. *Per aspera ad astra* – der lateinische Sinnspruch, wonach jedem lohnenden Ziel ein schwieriger Weg notwendig vorausgehe, stand am Anfang. Demnach besteht zwischen dem Reisen und den auf diesen und dank dieser Reisen erlebten und beschriebenen Sternennächte ein Zusammenhang, der über das Sprichwort hinaus auf die Praxis des Reisens (und der Himmelsbetrachtung) weist. Die gegenseitige, tatsächliche Kausalität von

Sternennächten und Reisen funktioniert in beide Richtungen: Will ich die Sterne sehen, muss ich die Mühen einer Reise, zumindest aber einer Ortsveränderung (hinaus in die Kälte!) auf mich nehmen. Reise ich, geht mein Blick leichter zu den Sternen als zuhause in gewohnter Umgebung, wo der Himmel nur in aufgehellten Ausschnitten zu sehen ist, wo die Alltagsgeschäfte das Auge an die Horizontlinie der unmittelbaren Bedürfnisbefriedigung binden oder hinter dem Nahbereich der täglichen Sorgen und Mühen alles andere unscharf wird. Allerdings speist sich die literarische Verarbeitung von Sternbeobachtungen in Reiseberichten keineswegs nur aus dem Umstand der sich faktisch bietenden Gelegenheit einer tatsächlichen, vorliterarischen Reise, also beispielsweise aus einem geeigneten Observationsort und günstigem Wetter, schlussendlich aus einer dem reisenden Forscher/Schriftsteller vorteilhaften Kombination von Geografie und rechter Zeit.

Dieser Aspekt des körperlich beschwerlichen Weges zu den Sternen ist zwar dann richtig, wenn es unter klimatisch und astronomisch bevorzugte Himmelsstriche, das heißt hier vor allem in südliche Breiten, geht und den Reisenden dazu ausreichend Zeit und Mittel zur Verfügung stehen. Beides ist in der Regel bei den langwierigen und strapazenreichen Schiffsreisen in den pazifischen Raum im 18. und 19. Jahrhundert, beispielsweise bei Georg Forster oder Adelbert von Chamisso, der Fall. Gleichwohl ist der entbehrungsreiche Weg zum Sternenhimmel oftmals gerade ein innerer, auch ein innerer ‚Weg' des literarischen Textes, insofern er dessen dramaturgischen Voraussetzungen und Gesetzmäßigkeiten gehorcht. Damit ist er jedoch auch wieder näher an der Ebene des Sprichworts: Die mehr oder weniger mühevollen geografischen Ortsveränderungen erweisen sich gleichzeitig als nicht ganz einfache *ideelle* Bewegungen weg von etwas: von den eingefahrenen Gewohnheiten des Alltags zuhause, von Menschen, die man kennt und liebt, von tagtäglichen Dingen und der vertrauten Umgebung, schließlich sogar fort von den Normen und Werten der eigenen Gesellschaft. Die Erfahrung und Einsicht in diese innere Distanzierung im Angesicht unbekannter Sterne bringt für die Reisenden nicht selten erheblich Irritationen mit sich. Zuweilen führt sie zu einem überaus kritischen Prozess der Selbstreflexion beziehungsweise zu dessen schriftstellerischer Verarbeitung.

Angesichts der äußeren wie inneren Schwierigkeiten, mit denen die Betrachtung des Sternenhimmels einhergeht, wundert es nicht, dass dieser Blick in vielen Reiseberichten gar nicht erzählt wird oder keinen Niederschlag findet. In ihnen, davon handelt das dritte Kapitel *Aus den Augen, aus dem Text,* fehlt eine literarische Umsetzung der Sternennächte. Das mag wiederum an den vorliterarischen Umständen der Reise selbst (Zielorte, Interessensgegenstände, Gelegenheiten usw.) gelegen haben oder aber dem thematischen Programm, dem der jeweilige Text folgt, zuzuschreiben sein. Beispielsweise finden sich in zwei bekannten deutschsprachigen Reiseberichten der Zeit um 1800, Johann Wolfgang von Goethes *Italienischer Reis*e und Johann Gottfried Seumes *Spaziergang nach Syrakus* so gut wie keine Referenzen auf das Thema. Das Weimarer Universalgenie breitet vor seinen Lesern wohl eingehende Beobachtungen zu Geologie und Ackerbau, Landeskunde und Geschichte, Kunst und Kultur, ja zu Wettergeschehen und Meteorologie Italiens aus – allein die Gunst eines sich auf der Reise nach Süden vorteilhaft verändernden Sternenhimmels bleibt ungenutzt. Zumindest aber verlautet darüber nichts, sieht man einmal von den zahllosen lauen Vollmondnächten ab, die Goethe schildert. Seume wiederum interessiert sich hauptsächlich für die sozialen Zustände des Landes und seine Einwohner. Zwar spielt auch bei ihm der Blick auf ‚die Landschaft' – ein Gemeinplatz nicht nur der Reisenden seiner Zeit – eine Rolle, doch bekennt er an einer Stelle freimütig: „Übrigens bin ich auch ein Laie am Himmel" – das Interesse diesbezüglich scheint jedenfalls nicht übermäßig gewesen zu sein.[8]

Interessant wird es gegenüber solchen Beispielen vor allem dann, wenn der Sternenhimmel deshalb fehlt, weil er im Text richtiggehend ausgeblendet oder aus guten Gründen unterschlagen wird. Denn dann ist er weiterhin – implizit – darin anwesend. Dass solch eine literarische Konstruktion durchaus möglich (und vom Leser durchschaubar) ist, zeige ich unter anderem anhand des Berichts über eine Antarktisexpedition. In ihm treten zwar die Sterne so gut wie nicht in Erscheinung, dafür werden aber die Nacht und der Himmel als von der Sonne und vom Mond dominierte Phänomene inszeniert. Das ermöglicht es dem Erzähler vor dem Hintergrund einer existenziellen Extremerfahrung mit Heilserwartungen aufgeladene Beleuchtungsszenarien zu entwerfen. Diese jedoch lassen dem blassen Sternenlicht als Erscheinung der dunklen Polarnacht, einer als lebensfeindlich empfundenen, alles umfassenden Schwärze, keinen Raum mehr.

Das vierte Kapitel habe ich *Schauen und schaudern* überschrieben. Der nächtliche Sternenhimmel löst bei vielen Autoren die Zunge eines genießenden Betrachters. Diesem geht es, selbst bei gestandenen Naturforschern ist das zu beobachten, mit seinem ausgiebigen, sich selbst genügenden Schauen nicht um eine methodische Durchmusterung bestimmter Himmelsareale oder um den exakten Ortsabgleich anhand einzelner Sterne oder bestimmter Sternbilder. Dieser Betrachter ist kein beobachtender Astronom, der den astrophysikalischen Zusammenhängen auf den Grund gehen will und dazu Tabellen mit langen Zahlenreihen zu füllen hat. Er ist kein Navigator, der während der kurzen Zeit der nautischen Dämmerung die richtigen Sterne für eine Positionsbestimmung seines Schiffs anvisieren muss und dieses später im Logbuch nüchtern vermerkt. Für diesen Betrachter rücken vielmehr ganz das sinnliche Erleben eines außergewöhnlichen Naturschauspiels, dessen plötzliche Wirkung auf ihn sowie die rückblickende Reflexion darüber in den Vordergrund. Verständlich, dass für solche Autoren besonders Schauen und Geschautes im Mittelpunkt stehen, obschon sie neben dem Gesichtssinn auch andere Sinneskanäle und -wahrnehmungen genau registrieren – bekanntlich schärft ja die Dunkelheit den Tastsinn und vor allem das Gehör. Die nächtliche Betrachtung der Sterne ist also meistens mehr als ein Augenschmaus und wird oft als Erlebnis für alle Sinne beschrieben, das den Betrachter zwar durch den visuellen Eindruck bannt, das aber eben auch den anderen Sinnesorganen reichlich Eindrücke bietet. Und wichtig wird in diesem Kapitel neben allem Genuss auch, dass dieser offenbar leicht in ein Gefühl des Unbehagens umschlagen kann.

Warum betrachten die Menschen die Sterne? Anscheinend haben sie dafür seit unvordenklichen Zeiten gute Gründe: Als Bestandteile mythischer Großerzählungen und – in späteren Zeiten – als Gegenstand wissenschaftlicher Forschung liefern sie plausible Erklärungen und Informationen über die Anfänge der Welt und die Ursprünge der Menschheit. Als Taktgeber für den Kalender stehen sie für Konstanz und zeigen Verlässlichkeit an. Sie vermitteln durch ihren regelmäßigen Lauf Sicherheit und spenden Trost. Sie versprechen darüber hinaus, zumindest die unsteten Kandidaten unter ihnen, die Wandelsterne oder Planeten, Auskunft über das zukünftige Schicksal.[9] Was aber macht damit den menschlichen Blick zum Firmament aus? Es ist seine Rückbindung an das irdische Geschehen, dass die Menschen das, was sie dort oben sehen, mit ihrem Leben in Beziehung setzen. Dass sie das Gesehene wieder auf sich beziehen, es mit anderen irdischen Beobachtungen verknüpfen und daraus ihre eigenen Schlüsse ziehen. Auch in Reiseberichten finden sich solche Verknüpfungen und Rückkoppelungen an Irdisches.

Was immer auch die Reisenden mit dem Blick zum Himmel bezwecken – sie müssen sich dazu zunächst einen fremden, wenigstens aber einen so bislang nicht gekannten Erfahrungsraum neu aneignen. Darum geht es im fünften Kapitel *Griff nach den Sternen*, genauer: darum, dass sie sich unterschiedlicher Aneignungstechniken bedienen. Beispielsweise tun sie das, indem sie den Sternenhimmel als geordneten Raum von Naturtatsachen begreifen, der sie mit rationalen Vorgängen konfrontiert. Diese lassen sich beschreiben und verstehen. So besteht diese Aneignung bei nicht wenigen Reisenden konkret darin, dass sie die zuvor unbekannten Sterne schnell als verlässliches Mittel zur räumlichen und zeitlichen Orientierung nutzen lernen – selbst dann, wenn diese Funktion nicht essentiell für die Fortsetzung ihrer eigenen Route ist. Bildlich gesprochen geht es in solchen Passagen darum, den gestirnten Himmel als zunächst chaotischen Raum entlang der physikalisch-naturwissenschaftlichen Sicherungsleine zu ordnen und nutzbar zu machen. Das scheint gerade dann wichtig, wenn es in unbekannte Breiten geht und der gewohnte Himmelsanblick daher nicht mehr gegeben ist. Immerhin sind die Sterne ja weiterhin, zumindest theoretisch, zählbar, um erneut eine Überlegung von Hans Blumenberg aufzugreifen.[10] Ein Finden, Identifizieren und Abzählen von Sternen und Sternbildern, vor allem aber das Bemühen, sich in die Tradition dieser Beobachtungspraxis einzureihen, ermöglicht dann wiederum eine innere Selbstverortung. Das Kapitel interpretiert Sternbetrachtungen denn auch dahingehend, dass das schauende und schreibende Subjekt sich des nächtlichen Sternenhimmels als eines bereits kulturell erschlossenen Raumes bedient und sich dessen dadurch letztlich vergewissert. Der Effekt ist, dass sich die Reisenden gleichfalls in die Tradition einer kulturellen Besiedlung des sichtbaren Sternenhimmels einreihen können, da sie hier altbekannte Muster der Deutung und Sinnstiftung vorfinden. Über einen solchen Himmel lässt sich dann nochmals anders reden, als über einen Himmel, der als rein automatisch ablaufender Naturraum vorgestellt wird. Zu ihm kann sich der Betrachter ganz anders in Beziehung setzen – um beispielsweise aus der Geschichte früherer Beobachtungen Legitimation für seine Reiseunternehmung zu erlangen.

Viele Reisende haben während ihrer Reise Gelegenheit, die Nacht unter freiem Himmel verbringen und dabei die Sterne ausgiebig betrachten zu können. Das sechste Kapitel *Übernachtungen* handelt davon. Die Schilderung solcher Übernachtungen im Gebirge, in einsamen Wäldern oder auf dem offenen Deck eines Segelschiffes nimmt in einigen Reiseberichten sogar einen besonderen Platz ein: Für manche Betrachter halten diese Stunden nicht allein herausragende Naturerlebnisse bereit, sondern bilden zugleich den Rahmen für eine spezielle Form der Selbsterfahrung. In der Art und Weise, wie diese Nächte verbracht werden und was in ihnen den menschlichen Sinnen sich bietet, brechen diese radikal mit der gewohnten Lebenswirklichkeit zuhause. Ihre literarische Verarbeitung liest sich als spannende, ungemein intensive und dichte Auseinandersetzung mit dem Erlebten, die den Lesern eine Ahnung vermittelt von Emotionen und weitreichenden Reflexionen. So kann es durchaus passieren, dass ein Autor weniger das Fremde einer zunächst als feindlich erlebten Natur, sondern stattdessen das Befremden an der eigenen Kultur anspricht, und so, gewissermaßen unter neuen Sternen, die Seiten wechselt.

Bevor ich den skizzierten Weg einschlage, folgen im nächsten Kapitel zuerst einige erklärende Worte zur Literaturgattung des Reiseberichts sowie zur Besonderheit des Begriffs ‚Himmel'.

Anmerkungen

1 Hans Blumenberg: *Die Vollzähligkeit der Sterne.* Frankfurt am Main: Suhrkamp 2000; S. 307.

2 Alex Capus: *Reisen im Licht der Sterne. Eine Vermutung.* München: btb 2007.

3 Elisabeth Bronfen: *Tiefer als der Tag gedacht. Eine Kulturgeschichte der Nacht.* München: Hanser 2008; S. 13.

4 Vgl. Dieter B. Hermann: *Der Zyklop. Die Kulturgeschichte des Fernrohrs.* Braunschweig: Westermann 2009; S. 11.

5 Vgl. Bruce Chatwin: *Es ist eine nomadische Nomadenwelt.* In: Jan Borm und Matthew Graves (Hgg.): Bruce Chatwin. Der Traum des Ruhelosen. Frankfurt am Main: Fischer 1998 (1970); S. 128–135, hier bes. S. 132.

6 Gemeint ist der griechische Philosoph Thales von Milet, der in einen Brunnen fiel, während er die Sterne beobachtete. Vgl. zu dieser alten Anekdote Blumenberg, *Vollzähligkeit,* S. 41.

7 Stephan Cartier: *Weltenbilder. Eine Kulturgeschichte des Himmels.* Leipzig: Reclam 2002; S. 12.

8 Johann Gottfried Seume: *Spaziergang nach Syrakus im Jahre 1802.* Frankfurt am Main und Leipzig: Insel Verlag 2010 (^{2}1805); S. 260. Vgl. Johann Wolfgang Goethe: *Italienische Reise.* München: Carl Hanser 1992.
Eine markante Stelle findet sich in Goethes Text dann aber doch. In ihr wird von einer „angenehmste[n] Erscheinung“ (S. 334) berichtet, als der Erzähler auf Sizilien einmal unter einem schadhaften Dach schläft. Er erwacht in der Nacht und erblickt im selben Moment durch ein Loch im Gebälk einen hellen Stern über sich. So kurios die Anekdote ist, so isoliert bleibt sie. Im weiteren Verlauf wird sich hier denn auch zeigen, dass es manchmal doch lohnt, außerhalb fester Mauern zu übernachten.

9 Vgl. Jürgen Hamel: *Geschichte der Astronomie. In Texten von Hesiod bis Hubble.* Essen: Magnus ^{2}2004; S. 14.

10 Vgl. Blumenberg, *Vollzähligkeit,* S. 16.

Der Naturforscher und Schriftsteller Adelbert von Chamisso (1781–1838) berichtet in seiner Reise um die Welt *an mehreren Stellen von der Betrachtung des nächtlichen Sternenhimmels. Der Text über die Expedition des Segelschiffs Rurik vereint genaue Beobachtung und kritische Reflexion des Erlebten.*

Reisewege und Himmelsräume

Reiseberichte als Literatur, der Himmel als kulturelles Phänomen

Das Reisen ist eine sehr alte Kulturtechnik, und auch schriftliche Berichte darüber haben eine lange Tradition. Urteilt man nach der Auslage in Buchhandlungen, wo es von Reiseberichten nur so wimmelt, dann erfreut sich diese Art Literatur bis heute einer ungebrochenen Beliebtheit. Unterhaltsam geschriebene Texte mit einem ungewöhnlichen Reisehintergrund oder einem exotischen Ziel dürfen sich der Aufmerksamkeit des Lesepublikums in jedem Fall sicher sein. Zumindest gilt das, solange sie beiden Parteien Spannung bieten: „Ich finde, Leser und Reisende haben ein Recht auf Überraschungen", wie es Andreas Altmann in seinem Australienbuch formuliert.[1] Doch auch in der Vergangenheit konnten sich die Autoren von Reiseberichten nicht über mangelndes Interesse beklagen, waren die Zuhausegebliebenen doch zu allen Zeiten wissbegierig zu erfahren, wie es anderswo aussieht und wie es dort zugeht.

Je nachdem, wie weit man den Begriff ‚Reisebericht' bereit ist zu fassen, kann man den Gegenstand und das Interesse dafür sehr weit zurückverfolgen. Bereits in der Antike, während des europäischen Mittelalters oder der frühen Neuzeit entstehen Werke, in denen Reisende den Zeitgenossen und der Nachwelt von ihren Unternehmungen berichten. Der wahrscheinlich um 470 v. Chr. entstandene Bericht Hanno des Seefahrers von seiner Entdeckungsfahrt entlang der westafrikanischen Küste ist ein Beispiel. Auch Marco Polos Schilderungen seiner Reise nach

China vom Ende des 13. Jahrhunderts (obwohl in ihrer Echtheit umstritten) oder Michel de Montaignes Reisetagebuch, entstanden auf einer privaten Reise von Frankreich nach Italien in den Jahren 1580 bis 1581, sind – bei allen Unterschieden – frühe Vertreter dieser Literaturgattung.[2]

Gründe, von zu Hause aufzubrechen, gab es immer genug. Wem als guter Christenmensch sein Seelenheil am Herzen lag, und das waren in früheren Zeiten nicht wenige, und wer zudem genügend Geld im Säckel hatte (eine bedeutend kleinere Gruppe), konnte zum Beispiel eine Pilgerreise zu einer der heiligen Stätten unternehmen. Ein ausgebautes Streckennetz führte im Mittelalter nach Rom, damals Nabel der europäischen Welt. Selbst bis ins Heilige Land verliefen einige Pilgerrouten.[3]

In den folgenden Jahrhunderten rücken daneben vermehrt handfeste Reiseanlässe in den Vordergrund. Neu entdeckte Länder und Erdteile locken mit den ganz weltlichen Versprechen nach Einfluss, Macht, Reichtümern und neuem Wissen. Um an diese Schätze zu gelangen, machen sich einerseits einzelne Wagemutige auf den Weg. Andererseits strengen die Herrschenden und Vermögenden generalstabsmäßig geplante Erkundungs- und Eroberungsfahrten mit großem Aufwand an Mensch und Material an. Mal geht es über Land, oft aber bleibt nur der Seeweg – etwa als sich Christoph Kolumbus zu seiner Fahrt über den Atlantik entschließt, „also auf einem Wege, den nach unserem Wissen bis auf den heutigen Tag noch niemand befahren hatte."[4]

Der Bogen an Reiseanlässen und Reiseformen ist weit gespannt. Die jüngste Erscheinung in der Entwicklung des Reisens bildet sich ab der zweiten Hälfte des 19. Jahrhunderts heraus. Heute ist sie des einen Freud, des anderen Leid. Und doch haben auch diejenigen, die sie schelten, in irgendeiner Form an ihr Teil: Es ist der Tourismus. Auch für ihn gilt, dass Bücher nicht nur als kurzweilige Lektüre im Gepäck mitreisen. Immer noch übernehmen sie bei manchen Reisenden den Part, im Nachhinein Zeugnis abzulegen, vom unterwegs Erlebten.[5]

Die Voraussetzungen und das Umfeld des Reisens ändern sich beständig. Zum Beispiel machen die Schiffsbautechnik, die Karten- und die Navigationskunst zur See mit dem Beginn der frühen Neuzeit wichtige Fortschritte. Dies ermöglicht – neben anderen Faktoren – europäischen Mächten wie Spanien, Portugal oder England wichtige geografische Entdeckungen. So weitet sich ab dem 15. Jahrhundert vor allem entlang der Küsten Afrikas und im Westen, jenseits des zuvor für unüberwindbar gehaltenen Atlantischen Ozeans, der geografische Horizont des Abendlandes.[6]

Mit den neuen technischen Erfindungen, den neu gewonnenen geografischen Kenntnissen und den gesammelten Erfahrungen wandelt sich die Art und Weise des Reisens selbst – und mit ihr allmählich auch Form und Funktion der Reiseberichte, wenngleich daneben ältere Formen bestehen bleiben, zum Teil bis heute.[7] Spätestens mit der Aufklärung im 18. Jahrhundert bekommt der Reisebericht eine zweckdienliche Aufgabe zugewiesen: Er soll den gebildeten Leser zuhause mit sachgerechten und wahrheitsgetreuen Informationen über die bereisten Länder versorgen.

Zu dieser Zeit und bis weit ins 19. Jahrhundert hinein erlangt das Reisen, besonders das Reisen über die Grenzen der bekannten Welt hinaus, den Status eines bedeutenden Mittels systematischer Erkenntnismehrung. Schriftliche Berichte sind hierbei ein wichtiger Bestandteil. Die Reisen verfolgen oft Entdeckungs-, Eroberungs-, Handels- und Forschungszwecke zugleich und werden daher nicht selten als ebenso kostspielige wie langwierige Großunternehmungen von Potentaten, vermögenden Privatleuten oder wissenschaftlichen Gesellschaften organisiert. Die Berichte, die während solcher Reisen entstehen, setzen die mitreisenden Forscher unterwegs in knapper Form auf, um sie nach der Heimkehr sorgfältig und unter Zuhilfenahme des gesammelten Materials auszuführen und zu publizieren. Solche Schriften wenden sich an eine ausgesuchte Leserschaft. Sie besteht zuerst aus Gelehrten, einflussreichen Politikern im Umkreis der Herrscherhäuser oder aus denjenigen, die die besuchten Länder und Regionen später gleichfalls und aus ähnlichem Antrieb bereisen wollen und hierfür Informationen benötigen. Für dieses Publikum stellen die Bücher handfeste Gebrauchsliteratur dar, sind Studienobjekte im weitesten Sinn. Den Unterhaltungsanspruch heutiger Reiseberichte sucht man – in aller Regel – vergebens. Eine dahingehende Literarisierung und damit Popularisierung setzt als parallele Entwicklung verstärkt erst gegen Ende des 18. Jahrhunderts ein.[8]

Das Verhältnis zwischen den Reisenden, die in den Berichten von ihren Erlebnissen unterwegs erzählen, und dem gelehrten Fachpublikum zuhause ist nicht immer unproblematisch, wie folgende Stelle aus dem Bericht des Weltumseglers Louis-Antoine de Bougainville zeigt:

> *[…] ich bin ein Schiffsreisender, also ein Lügner und schwach denkender Mensch in den Augen einer gewissen Art von stolzen und bequemen Schriftstellern, die in ihrer Schreibstube über die ganze Welt und ihre Bewohner philosophieren und sozusagen die Natur gebieterisch nach ihren eigensinnigen Einfällen gestalten wollen. Es ist in der Tat sonderbar, wenn Leute, die selbst nichts gesehen und keine Erfahrung haben, dennoch die Beobachtungen derer, denen sie beinahe die Fähigkeit zu sehen und zu denken absprechen, benutzen und darauf ihre Schriften und Grundsätze aufbauen.*[9]

Was erwartet die zeitgenössischen Leser, die ein Buch eines weitgereisten Forschers auf ihrem Schreibtisch aufschlagen? Der Inhalt wird in der Regel aus naturwissenschaftlichen, landes- oder völkerkundlichen Beobachtungen bestehen. Heute vielleicht umständlich erscheinende Ausführungen zu Geologie, Botanik oder Zoologie verbinden sich mit Schilderungen vom Alltag der Menschen, sei es von Fremden oder – in deren Ermangelung, etwa während längerer Schiffspassagen – von Mitreisenden. Der Autor will seinen Lesern verlässliche Informationen zu einem neuen Gegenstand liefern, die dessen Einordnung in die eigenen Wissens- und Erkenntnisraster erlauben. Ein wichtiges Ziel ist es, möglichst erschöpfend darzustellen, wie Fremde im Vergleich zur eigenen Gesellschaft dastehen, was sie anders macht oder auch, wo Gemeinsamkeiten liegen (oder eben, wie die fremde Landschaft sich absetzt gegenüber der heimischen usw.). Der Vergleich mit dem Bekannten – und damit der Blick zurück – findet sich als Beobachtungs- und Darstellungsmethode in vielen Texten.

Aus der Absicht einer möglichst exakten Wiedergabe sowie einer umfassenden Darstellung des Erlebten und in Erfahrung Gebrachten erklärt sich der Aufbau und der Stil vieler Reiseberichte: Häufig ist der Inhalt als Abfolge logbuchartiger Einträge chronologisch angeordnet. Der publizierte Reisebericht bleibt damit relativ eng an der ursprünglichen Vorlage, den während der Reise aufgesetzten Dokumenten. Die Bezeichnung für diese Art Texte lautet Itinerar. Entlang der Ereigniskette der Reise verzeichnet ein Itinerar knapp alle geografischen Stationen (wie Koordinaten oder auffällige Landmarken), wichtige Beobachtungen (etwa zum Wetter) und Ereignisse (zum Beispiel Kontakte zu Einheimischen). Neben der Itinerarform verbreitet ist eine zweite Gruppe: umfassende, katalogartige Beschreibungen, beispielsweise von Naturszenen oder vom Alltagsleben auf der Reise, der Geschichte oder speziellen Riten und Bräuchen einer fremden Kultur, von bislang unbekannten Tieren. Solche Texte widmen sich einzelnen Gegenständen intensiv oder entrollen eine Art landeskundlichen Prospekt, dessen Anspruch es ist, dem Leser ein vollständiges und zugleich objektives Bild zu gewähren. Weit stärker als dies die Itinerarform zu leisten vermag, erzeugen sie beim Lesen den Eindruck eines Nebeneinanders, eines facettenreichen, gleichwohl in sich stimmigen Gesamtbildes des Erlebten statt eines zeitlichen Nacheinanders der Ereignisse.

Die Literaturgattung Reisebericht kennt neben wissenschaftlich ambitionierten und erkenntniszentrierten Texten noch andere, in dieser Hinsicht weniger zuversichtliche, zugleich jedoch auch stärker literarisierende Werke. Diese zeigen sich gegenüber ihrer eigenen Wissenschaftlichkeit eher skeptisch. Sie messen dafür, neben den äußeren Umständen und dem Ziel der Reise, der Sprache beziehungsweise dem Akt, den Voraussetzungen und den Grenzen der sprachlichen Beschreibung des Erlebten größere Bedeutung bei. Die mediale Dimension der Reiseberichte – oder noch allgemeiner: Literatur als Medium, als Mittlerin vorliterarischer Erfahrungen – bringen sie verstärkt selbst zur Sprache, ja reflektieren diese als grundsätzliches Problem. Tendenzen dahingehend lassen sich schon im Verlauf des 18. Jahrhunderts, parallel zu den oben beschriebenen Entwicklungen beobachten. Gegenüber einer durchweg erkenntnisoptimistischen Haltung, die eine weitgehend neutrale und erschöpfende Wiedergabe der Beobachtungen und Erlebnisse nicht infrage stellt, legen ihre Autoren eine kritischere Haltung an den Tag. In der Auseinandersetzung mit ihren ursprünglichen Aufzeichnungen (handschriftliche, stichwortartige Reisenotizen usw.) entwickeln sie beinahe eine selbstzweiflerische, mitunter auch selbstironische Ebene und gehen damit auf Distanz zum eigenen Text. Literaturgeschichtlich weist dies bereits auf eine noch stärkere Brechung beziehungsweise Aufhebung des ursprünglichen Reiseerlebnisses voraus, wie es sich seit dem 19. Jahrhundert im Zuge der feuilletonistischen Durchdringung der Gattung beobachten lässt.[10]

Die schreibenden Reisenden werden sich zunehmend eines schwerwiegenden Vermittlungsproblems bewusst: Kann ich das Erlebte, kann ich das Fremde überhaupt so beschreiben, dass ich ihm gerecht werde? Schon früh versucht vor allem das gelehrte Lesepublikum dieser Schwierigkeit dadurch zu begegnen, dass es die Reiseberichte einer systematischen Quellenkritik unterzieht und keinesfalls alles Gedruckte für bare Münze nimmt. Die Autoren schenken ihrerseits nun dem Problem noch stärkere Aufmerksamkeit. Beispielsweise gesteht Georg Forster 1777 in der „Vorrede" zu seiner *Reise um die Welt*:

> *Zuweilen folgte ich dem Herzen und ließ meine Empfindungen reden; denn da ich von menschlichen Schwachheiten nicht frey bin, so mußten meine Leser doch wissen, wie das Glas gefärbt ist, durch welches ich gesehen habe.*[11]

Was hier durchscheint, ist ein Leitgedanke der Aufklärung: Gefühle und „Empfindungen" werden keineswegs als irrational ausgegrenzt. Nein, man ist bestrebt, sich auch diese rational zu erklären und – wie hier – deren Vorhandensein und (mögliche) Wirkung zu verbalisieren und damit zu einem Gegenstand zu machen, der intellektuell verhandelt werden kann.

Für Georg Forster wie für viele seiner Zeitgenossen heißt das Eingeständnis eines subjektiven Blickwinkels gleichwohl nicht, den Anspruch an eine objektive Wiedergabe des Erlebten gänzlich aufzugeben. Im Gegenteil: Forster beharrt weiter auf der Möglichkeit richtiger Beobachtungen und korrekter Schlussfolgerungen, ja nennt diesen Punkt als eine zentrale Anforderung, die ein idealer Reisender erfüllen müsse.[12]

Zahlreiche Reisende haben sich seither solche Fragen gestellt. Adelbert von Chamisso, ein prominenter Nachfolger Georg Forsters, spricht das doppelte Problem von Zuwachs an objektivem Faktenwissen und dessen – gleichfalls objektiver – Weitergabe an den Leser ebenfalls an. Seine Vorbehalte gelten beiden Ebenen gleichermaßen, der konkreten Erfahrungsebene des Reisenden selbst wie der Vermittlungsebene des Mediums Text.

Chamisso hatte von 1816 bis 1818 als Naturforscher an einer dreijährigen Reise auf dem russischen Segelschiff „Rurik" teilgenommen. Die Fahrt führt den Dichter des berühmten Märchens *Peter Schlemihl* nicht nur kreuz und quer über den Pazifik, sondern auch – wie Forster – einmal um die ganze Welt. Mit gehörigem zeitlichem Abstand schreibt Chamisso seine auf Reisenotizen und wissenschaftlichen Fachaufsätzen basierenden Ergebnisse und Erinnerungen in den Jahren 1834/35 in einem Buch nieder. Die *Reise um die Welt* erscheint 1836, zwei Jahre vor dem Tod des Autors.[13] Anders als bei Georg Forster bleibt bei Chamisso ein Zweifel an der Möglichkeit des Wissens und Vermittelns bestehen, der mehrfach im Text auftaucht. Das gilt etwa, wenn er das hartnäckige Festhalten an europäischen Seh- und Denkweisen während der Reise negativ bewertet oder den Einfluss der erheblichen zeitlichen Distanz der Niederschrift auf die Inhalte des Reiseberichts erkennt.

Und heutige Reiseberichte? An eine exklusive und gelehrte Leserschaft wenden sie sich längst nicht mehr nur. Ganz im Gegenteil. Wissenschaftliche Ambitionen sind ihnen in der Regel nahezu genauso fremd, wie man den Anspruch auf universelle Welterklärungen im Genre seit geraumer Zeit vergeblich sucht. Dem geht auch eine (reise-)historisch gewachsene Einsicht voraus: Eine intellektuelle Kenntnis der Welt, eine tiefe Vertrautheit mit den Bräuchen ihrer Bewohner, mit der – frei nach Michel Foucault – ‚Ordnung ihrer Dinge', scheint in diesem und durch dieses Medium in unseren Tagen nicht mehr möglich. Geologen, Biologen, Anthropologen oder reisende Forscher anderer Disziplinen haben längst neue Kanäle gewählt. Das jenseits der Labore noch zu gewinnende Gelehrtenwissen bedient sich inzwischen hochspezialisierter Fachorgane, off- wie online. Was einst der gelehrte Bericht in abgeschlossener Buchform als Ergebnis einer Forschungsreise präsentieren konnte, wird nun an anderer Stelle geleistet: Dort werden unterwegs gesammelte Messdaten und Beobachtungen publiziert, interpretiert und Spezialdiskurse geführt.

Damit sind andererseits heutige Reiseberichte von der Aufgabe des detailversessenen Faktenstemmens und der peniblen Beweisführung befreit. Die Gründe hierfür liegen neben einer immensen Vermehrung, Ausdifferenzierung und Vertiefung des Wissens über unsere Welt in einer Ausweitung der Buchproduktion und einer Veränderung des Buchmarktes, insbesondere in der Durchsetzung kleinerer journalistischer Textgattungen sowie schließlich einer Veränderung der Medienlandschaft seit Mitte des 19. Jahrhunderts. Als Beispiel sei nur an die Reisereportagen des ‚rasenden' (reisenden!) Reporters Egon Erwin Kisch erinnert. Hinzu kommt, last but not least, die bereits angesprochene Entstehung des modernen (Massen-)Tourismus. Vor all diesen Entwicklungen bleibt festzuhalten: Reiseberichte sind heute eine etablierte, gleichzeitig vielgestaltige Literaturgattung. Sie kann heute nahezu jeden Lesegeschmack bedienen, da ihre Vertreter in enger Nachbarschaft und regem Austausch zu anderen Textgattungen wie Roman, Reportage und Reiseführer stehen – um von interaktiven Formen wie Reise-Blogs im Internet oder ähnlichem mehr gar nicht erst zu reden. Was aber folgt daraus für den Sternenhimmel, wenn er in diesem Medium erzählt wird?

Wenn sich der Begriff ‚Reisebericht' kaum mit nur einem Satz pauschal festlegen lässt, weil er und mit ihm die Praxis des Reisens eine dynamische Entwicklung durchlaufen hat, so gilt das in fast noch stärkerem Maß für den zweiten zentralen Begriff dieses Buches. Denn kein ‚Himmel' gleicht dem anderen. Stets ist (und war) damit Unterschiedliches gemeint, wird (und wurde) von Anderen eben auch Anderes darin erblickt.

Der Himmel der Religionen ist ein anderer als der, über den die Naturwissenschaft diskutiert, und auch in der Kunst folgt er wieder anderen, eigenen Gesetzen. Der Maler betrachtet ihn mit einem anders geschulten Auge und findet andere Worte für ihn als der Wettermann im Fernsehen oder der Pfarrer auf der Kanzel. Und der Himmel des besagten Meteorologen unterliegt wiederum einem anderen Beurteilungsraster als derjenige eines Astronomen – jener sieht in ihm in erster Linie eine Erscheinung, die sich in der Atmosphäre abspielt, diesem ist die Lufthülle der Erde allenfalls ein Störfaktor, der bei Beobachtungen die Genauigkeit der Bilder und Messungen einschränkt. Für den Astronomen beginnt der Himmel erst jenseits desjenigen seines Kollegen vor der Wetterkarte. Jedem also sein eigener Himmel.

Der nächtliche Sternenhimmel, von dem hier die Rede ist, zählt zwar auch zu den sichtbaren Vertretern seiner Art und ist nicht nur ein metaphysischer, ein spirituell herbeigesehnter. Jedoch ist auch ihm, indem er bereits einmal gesehen und dann in Büchern aufgeschrieben und weitererzählt wurde, die unmittelbare Sichtbarkeit wieder genommen. Der Schritt von einem präsenten, hin zu einem in der Sprache unsichtbar-repräsentierten Himmel voller Sterne bringt es mit sich, dass er in diesem Buch keine neutrale Erscheinung der unbelebten Natur mehr sein kann, welcher der reisende Autor und seine Leser unvermittelt gegenüberstehen. Dadurch, dass er betrachtet, beschrieben und in einem bestimmten Kontext – dem der Reiseberichte – gelesen wird, ist der Sternenhimmel hier letztlich ein Produkt menschlicher Imaginations- und Gestaltungskraft. Er ist in seiner ein ums andere Mal literarisierten Form ein kulturell modellierter Gemeinplatz, ein „Beschreibungsmuster" (*Topos*), durch das auch (konventionalisierte) Ansichten und Einsichten, Erwartungen und Überraschungen, Wünsche und Hoffnungen, Bedenken und Ängste zum Ausdruck kommen. In dieser Rolle gehorcht er bestimmten Regeln, von denen einige zu entdecken und darzulegen ich mir zur Aufgabe gemacht habe.[14]

Besonders der nächtliche Himmel bietet der Erzähllust und der Vorstellungskraft seit jeher ein reiches Betätigungsfeld – man denke nur an die weitläufigen Geschichten, die sich hinter den Sternbildern verbergen. Das hat meines Erachtens vor allem zwei Gründe: Gegenüber dem Taghimmel offenbart er dem Menschen mit seinen wechselnden lunaren, planetaren und stellaren Erscheinungen eine Dimension jenseits des gewohnten Spiels von Sonnenschein, Himmelsblau und Wolkenzug. Zum Zweiten bleiben in der ungewohnten nächtlichen Umgebung Erscheinungen häufig unklar, dunkel und geheimnisvoll – und damit letztlich hochgradig erklärungsbedürftig. Und schließlich verstärken sich gerade hierin das Reisen und das Betrachten des nächtlichen Himmelsschauspiels oft gegenseitig: An fremden Orten unbekannter Ansichten gewahr zu werden, birgt doppeltes Irritationspotenzial.[15] Dass insbesondere der Reisende angesichts des Nachthimmels eine rege Phantasie und ein gesteigertes Mitteilungsbedürfnis entwickelt, ist insofern wenig verwunderlich.[16] Lassen wir sein literarisches *Alter Ego* auf den folgenden Seiten zur Sprache kommen.

Anmerkungen

1 Andreas Altmann: *Im Land der Regenbogenschlange. Unterwegs in Australien.* Reinbek bei Hamburg: Rowohlt 2010; S. 16.
Apropos Exotik: Im Sortiment des gleichen Verlags finden sich beispielsweise auch die Berichte von Wolfgang Büscher über seine ungewöhnlichen Unternehmungen, etwa seine Wanderung von Berlin nach Moskau (2003), entlang der Grenzen Deutschlands (2005) oder seine Reisen in verschiedene Länder Asiens (2008). Zudem sei auf Seth Stevensons *Grounded. A Down to Earth Journey Around the World* (New York: Riverhead Books 2010) hingewiesen – ein Titel, der zeigt, dass es dem Leser kaum weit und ausgefallen genug sein kann.

2 Vgl. Karl Bayer: *Periplus Hannonis.* In: Gaius Plinius Secundus d. Ä., Naturkunde (Historia naturalis), lateinisch – deutsch. Buch V. Zürich und München: Artemis Verlag 1993 (Sammlung Tusculum); Marco Polo: *Die Wunder der Welt – Il milione. Übersetzt aus altfranzösischen und lateinischen Quellen und mit einem Nachwort von Else Guignard.* Frankfurt am Main und Leipzig: Insel Verlag 2003; Michel de Montaigne: *Tagebuch einer Reise durch Italien[,] die Schweiz und Deutschland in den Jahren 1580 und 1581.* Hrsg. und aus dem Französischen übertragen von Otto Flake. Frankfurt am Main: Insel Verlag 1988 (1774).

3 Vgl. Dieter Richter: *Der Süden. Geschichte einer Himmelsrichtung.* Berlin: Wagenbach 2009; S. 63–86.

4 Christoph Kolumbus: *Bordbuch. Aufzeichnungen seiner ersten Entdeckungsfahrt nach Amerika 1492–93.* Kreuzlingen und München: Diederichs/Hugendubel 2006; S. 8.

5 Vgl. zum Reisen und zum (Proto-)Tourismus die beiden Überblicksdarstellungen von Gabriele M. Knoll: *Kulturgeschichte des Reisens. Von der Pilgerfahrt zum Badeurlaub.* Darmstadt: Primus Verlag 2006 sowie von Rüdiger Hachtmann: *Tourismus-Geschichte.* Göttingen: Vandenhoeck & Ruprecht 2007.

6 Vgl. Richter, *Süden*, S. 88f.

7 Vgl. den modernen Pilgerbericht von Hape Kerkeling: *Ich bin dann mal weg. Meine Reise auf dem Jakobsweg.* München: Malik 2006.

8 Vgl. zum hohen Differenzierungsgrad der Gattung Reisebericht über die Jahrhunderte hinweg die umfangreiche Monographie von Peter J. Brenner: *Der Reisebericht in der deutschen Literatur. Ein Forschungsüberblick als Vorstudie zu einer Gattungsgeschichte.* Tübingen: Max Niemeyer 1990; vgl. zum 19. Jahrhundert insbesondere Jürgen Osterhammel: *Die Verwandlung der Welt. Eine Geschichte des 19. Jahrhunderts.* Bonn: Bundeszentrale für politische Bildung 2010 (München: C. H. Beck 2009); S. 51–53; 132–135; 1158–1167.

9 Louis-Antoine de Bougainville: *Reise um die Welt. Über Südamerika und durch den Pazifik zurück nach Frankreich 1766–1769.* Herausgegeben und übersetzt von Lars M. Hoffmann. Wiesbaden: marixverlag (Edition Erdmann) 2010; S. 54.

10 Als Zäsur wird in diesem Zusammenhang immer wieder Heinrich Heines *Harzreise* genannt. Vgl.: Heinrich Heine: *Die Harzreise.* Stuttgart: Phillip Reclam 1955 (1826).

11 Georg Forster: *Reise um die Welt.* Frankfurt am Main: Insel 1983 (1777/1778–80); S. 18.

12 Ebd., S. 17.

13 Adelbert von Chamisso: *Reise um die Welt.* Berlin: Aufbau 2001 (1836).

14 Vgl. zum Begriff *Topos* Irmgard Schweikle: *Eintrag „Topos".* In: Günther und Irmgard Schweikle (Hgg.): Metzler Literatur Lexikon. Begriffe und Definitionen. Stuttgart [2]1990; S. 467f.

15 Vgl. zur grundsätzlichen nächtlichen „Erfahrung einer Ortlosigkeit" und deren Verarbeitung in der Kunst Elisabeth Bronfen: *Tiefer als der Tag gedacht. Eine Kulturgeschichte der Nacht.* München: Hanser 2008; S. 167.

16 Die Naturphänomene Nacht und Himmel und deren Schnittstellen (wie etwa das Dämmerungsspiel) wurden zu allen Zeiten und in allen Kulturen unter wechselnden Bedingungen als Zeichen gelesen und ausgedeutet. Vgl. dazu A. Roger Ekirch: *In der Stunde der Nacht. Eine Geschichte der Dunkelheit.* Bergisch Gladbach: Lübbe 2006; S. 13, Stephan Cartier: *Weltenbilder. Eine Kulturgeschichte des Himmels.* Leipzig: Reclam 2002; S. 15 sowie Gernot Böhme: *Dämmerung.* In: Evangelische Akademie Baden (Hg.): Geblendete Welt. Der Verlust der Dunkelheit in der High-Light-Gesellschaft. Karlsruhe 1997; S. 85f.

Sterne finden ihren Weg nicht in jeden Reisebericht. Manchmal warten reizvollere Attraktionen auf der Route – etwa, wenn ein Vulkan Feuer speit. Das Foto zeigt einen Ausbruch des Tungurahua in Ecuador.

Aus den Augen, aus dem Text

Warum es Sterne oft nicht in Reiseberichte schaffen

Unterwegs die fremden Sterne nicht gesehen zu haben ist keine Schande, nicht über sie zu schreiben, erklärbare Regel. Wer weiß schon, dass anderswo schönere Sterne heller scheinen als zuhause? Wer will denn, dazu noch ausgerechnet in der Fremde, die Unannehmlichkeit einer kalten und dunklen Nacht auf sich nehmen?

Und Wichtigeres gibt es auf Reisen. Unbekanntes, das – oft nicht viel weiter als eine Armlänge entfernt – Neugier und Interesse weckt. Ungesehenes, das mit seinem Glanz eine größere Strahlkraft entfaltet. Ungehabtes, das – nicht wie die Sterne – als Souvenir vielleicht doch irgendwie zu haben ist. Tausend Reize warten hier unten, von denen hingerissen zu sein näher liegt, denen zu verfallen verzeihlich ist. Aber für das Schauspiel dort oben machen sie blind.

Einer dieser irdischen Verlockungen hat ein berühmter Reisender nicht widerstehen können, ja sie erst hat ihn in die (Neue) Welt hinaus getrieben. In seinem Bericht erfährt der Leser fast auf jeder Seite davon. Der Himmelsanblick dagegen steht, wie überhaupt die Wahrnehmung der Natur, ganz in Diensten dieser Obsession, wenngleich zur Entlastung eingewendet werden kann, dass es noch nicht die Zeiten sind, in denen sich ein in sich ruhendes Subjekt selbstbewusst dem ästhetischen Vergnügen einer sternenbekränzten Nacht stellt. Auch ist der Mann es sozusagen von Berufswegen her gewohnt, die Zeichen des Himmels zuvorderst als nützliche Hilfsmittel zu betrachten.

Man kann bei der Lektüre von Christoph Kolumbus *Bordbuch* in der Tat leicht den Eindruck gewinnen, dass Dinge dem Entdecker Amerikas besonders dann erwähnenswert scheinen, wenn sie „großen Nutzwert" für ihn entfalten.[1] Kommt es dann einmal soweit, müssen sie der Strahlkraft des Goldes weichen, von dessen ausreichendem Vorhandensein in den neuen Ländern die Adressaten des Berichts – der König und die Königin von Spanien, unter deren Flagge Kolumbus segelt – unbedingt überzeugt werden müssen. Kolumbus gibt seine Interessenlage offen zu und vermerkt unter dem 15. Oktober 1492, nur wenige Tage nach der Entdeckung bis dato unbekannter Inseln weit im Westen:

> *Es gibt hier sicherlich eine Unmenge Dinge, die ich nicht kennen lernte, weil ich nicht Zeit verlieren wollte, um viele andere Inseln anzusteuern, wo ich Gold zu finden hoffte.*[2]

Auch gegenüber der Mannschaft macht er seine Prioritäten klar. Als sich Eingeborene mit ihren Kanus dem Schiff nähern, um mit Baumwolle Handel zu treiben, gibt er klare Order aus, sich nicht darauf einzulassen:

> *Ich untersagte es aber, irgendetwas davon anzurühren, damit allen klar würde, dass ich einzig und allein auf der Suche nach Gold war […].*[3]

Wenn vor diesem Hintergrund eines tellurischen Blicks die Sterne im *Bordbuch* (er)scheinen, dann vor allem im ersten Teil während der Überfahrt über den Atlantik – mithin im geografisch wie erzählerisch unsicheren Raum, wo ein Erfolg des ganzen Unternehmens noch keineswegs ausgemacht ist. An dieser Unsicherheit tragen die Sterne jedoch ganz entgegen dem, was man als Leser von ihnen erwarten dürfte, selbst Anteil. Eine offenbar fehlerhafte Positionsbestimmung mittels der mitgeführten Kompasse erklärt sich Kolumbus zum Beispiel so, dass zwar die Nadeln der Instrumente richtig zeigen, wohl aber der Polarstern sich während der Nacht selbst bewegt, was aber zunächst nicht beachtet worden war.[4] Der Mann kennt sich also am Himmel ausgezeichnet aus – tatsächlich liegt der Polarstern nicht genau auf dem Himmelsnordpol, umläuft diesen daher auch in einem ganz kleinen Kreis. So weiß Kolumbus, dass die Sterne durchaus in die Irre führen können.

Doch vor allem der Leser kann an solchen Stellen die Sterne kaum dazu nutzen, sicher durch den Text hindurch zu navigieren. Zieht sich das Wort ‚Gold' noch wie ein roten Faden durch den Bericht, so fällt in gleichem Zuge auf, dass andere, zumal nicht irdische Leuchterscheinungen dem Erzähler oft von unklarer oder zweifelhafter Natur scheinen, zumindest aber dem Leser Kopfzerbrechen bereiten.[5] Die hier benutzte, kommentierte Ausgabe des Bordbuchs weist denn auch ausdrücklich gerade darauf hin, dass die Stellen mit Sternbezug in späterer Zeit wahrscheinlich von Unkundigen verändert wurden,[6] und selbst dort, wo sich scheinbar präzise Standortangaben finden, der Autor wahrscheinlich selbst gezielt für Unklarheit sorgte – wohl aus Angst, man könne ihn um den Ruhm seiner Entdeckungen bringen.

Die Überlieferungslage von Christoph Kolumbus Schrift ist nicht unproblematisch. Der an die spanische Krone adressierte Bericht über seine Entdeckungsfahrt ins vermeintliche Indien galt viele Jahrhunderte als verschollen und hat wohl zahlreiche Eingriffe anderer erfahren. Die zentrale Rolle, die das Gold für Kolumbus (und nach ihm für viele andere berühmt-berüchtigte ‚Entdecker') gespielt hat, ist jedoch unstrittig. Sagenhafte Mengen davon und von anderen Schätzen und Rohstoffen verspricht er sich von der neuen Westroute, die ihn, so glaubt er, direkt nach Indien führen muss. Immerhin kann er sich auf anerkannte Gewährsmänner stützen. Proben asiatischer Kostbarkeiten wie Seide oder exotische Gewürze erreichen Europa schon in der Antike und das Mittelalter hindurch. Marco Polo berichtet von den Schätzen des fernen Orients, und es setzt sich in Europa früh die Vorstellung vom unermesslichen Reichtum der Länder weit im Osten, namentlich Japans, Chinas und Indiens, durch. War der direkte (Land-)Weg dorthin entlang der Seidenstraße schon immer beschwerlich gewesen und spätestens seit der Eroberung Konstantinopels durch die Türken Mitte des 15. Jahrhunderts für die Europäer zumindest symbolisch versperrt, versprach die Route nach Westen dank der zu dieser Zeit wenigstens von den Gelehrten kaum noch angezweifelten Kugelgestalt der Erde mehr Erfolg. Das teils sehr vage, zugleich jedoch auch ungemein die Phantasie anregende Wissen über diese Länder kann daher in den Jahrzehnten und Jahrhunderten nach Kolumbus abgelöst werden von kaum weniger bildmächtigen amerikanischen Goldmythen – wie demjenigen vom sagenhaften Goldland Eldorado. Dies führt schließlich dazu, dass der Westen in der Vorstellung der Europäer regelrecht eine „goldene" Färbung erhält, oder, wie Dieter Richter es prägnant formuliert hat, zur „Himmelsrichtung der Schatzsucher" wird.[7]

Doch bevor der Schatzsucher Kolumbus das begehrte Edelmetall in den Händen halten kann, muss er es erst in der Unübersichtlichkeit der Neuen Welt (die er als solche nicht erkennt) identifizieren. Und obwohl es den Abglanz der Sonne als hervorstechendes Merkmal trägt, ist das gar nicht so einfach. Zwischen exotischen Pflanzen, seltsamen Tieren und nackten Eingeborenen finden sich zwar dann und wann einzelne Stücke, die ihn hoffen lassen unweit seines Ziels gelandet zu sein. Das ist immer dort, es wurde schon gesagt, wo es mehr vom erhofften Edelmetall gibt. Doch den einen, *seinen* großen Schatz findet er nicht, obschon er der erste Europäer ist, der den Gebrauch von Tabak und die Kartoffel beobachtet und erwähnt.

Es bleibt festzuhalten: Kolumbus nutzt als Seefahrer und Navigator die Sterne, jedoch geben sie ihm und vor allem dem Leser keine letzte Sicherheit über das Wo und Wohin – im Gegenteil: Nächtliche Wegzeichen erscheinen unsicher, genauer Ort und Richtung des Seefahrers damit seltsam verwischt. Zumindest symbolisch wird der Kurs ersatzweise nach dem unbedingten Wunsch gesetzt, Gold zu finden.

Freilich: Jede Reise hat ihre Ablenkungen und Hindernisse – auch im Hinblick auf die davon möglicherweise betroffenen Sternsichtungen. Mary Kingsley, gegen Ende des 19. Jahrhunderts eine einflussreiche Afrikareisende und geachtete Kennerin des Kontinents, hätte wahrscheinlich ein Lied davon singen können. Zu Fuß oder, wo es die Topografie des Landes zuließ, auf Flüssen unterwegs, war ihr Weg häufig von dichter Vegetation gesäumt. Auf Himmelsbeobachtungen konnte das mitunter wundersam erscheinende, in jedem Fall jedoch fatale Auswirkungen haben: „All day long we never saw the sky once."[8] Um den Himmel einmal unverstellt betrachten zu können, muss man in diesen Gegenden am besten hoch hinaus gehen. Dann aber ist man den Sternen ganz nah. Besonders gilt das natürlich auf dem Dach Afrikas: „Je höher wir emporstiegen, je dünner die Luft wurde, desto glanzvoller erstrahlten die ewigen Lichter des Firmamentes", schreibt Hans Meyer, der Erstbesteiger des Kilimandscharo.[9]

Doch die Natur sorgt auch in tiefer gelegenen Regionen für ausgleichende Gerechtigkeit. Während ihrer mehrtägigen Märsche durch die westafrikanische Wildnis bemerkt Mary Kingsley im Unterholz von Zeit zu Zeit ein seltsames Leuchten, das sich im schattigen Zwielicht des Urwalds höchst gespenstisch ausnimmt. An Eindrücklichkeit steht es einem fremden Sternenhimmel wenig nach. Es zieht den Blick der Reisenden jedoch wiederholt auf den Boden: „The appearance of this strange eerie light in among the bush is very weird and charming. I have seen it in dark forests at night, but never so much of it."[10] Biologen bezeichnen diese Erscheinung als Biolumineszenz. Sie rührt von Lebewesen oder – wie im Bericht Mary Kingsleys – von der Zersetzung organischen Materials her. Der ungewohnte Anblick lässt wenige kalt, viele berichten darüber. Oft tritt die Erscheinung im Meer auf, wo sie, anders als unter einem dichten Blätterdach, unmittelbar mit dem Sternenlicht am Firmament wetteifert. Dieser Wettstreit wird in die Reiseberichte hinein- und dort mit sprachlichen Mitteln ausgetragen. Patrick Leigh Fermor erinnert sich an ein Erlebnis in der Karibik:

> *Der Himmel war aufgeklart, Mast und Takelage schwankten träge, während die Schaluppe über die Wellen dahinglitt, sie durchmaßen Myriaden von Sternen, strahlend hell und zum Greifen nah, und wie stets überstrahlte Orion jedes andere Sternbild. [...] Die See war so phosphorreich, daß die hohen Bugwellen in der Dunkelheit aussahen wie feurige Schwingen, und das Kielwasser verlor sich in der Nacht wie eine zerzauste Haarflechte.*[11]

Das Naturschauspiel scheint außergewöhnlich genug, dass es den Betrachter fesselt und den Schriftsteller zum poetischen Bild nötigt. Es hinterlässt betörte Reisende, verzauberte Schreibende – vom „magischen Leuchten" des „tropischen Meeres" schwärmt zum Beispiel der ansonsten ziemlich abgeklärte Indienfahrer Erwin Drinneberg, nachdem er nachts einmal mit den Fischern auf den Ozean hinausgefahren ist.[12] Selbst Zeitgenossen, die üblicherweise auf eine größere Distanz zu den Erscheinungen dieser Welt Wert legen, können sich dem Zauber des „Schweifs aus diamantenem Feuer", so Mark Twains Erinnerung an eine nächtliche Schiffspassage, also nicht ganz entziehen.[13] Twain hatte bei einem Besuch auf den hawaiianischen Inseln überdies das Glück, noch ein ganz anderes – und auch in diesem Fall eher seltenes Leuchtspektakel – erleben zu dürfen. Als er zwischen März und Juli 1866 die Inselkette bereist, ist dort gerade der Mauna Kea ausgebrochen. Feuerschein, Nebel, Qualm und durch das Licht der Lavaströme rot glühende, gewaltige Aschewolken – alles vereint Twain auf mehreren Seiten zu einem nächtlichen „Bild wilder Schönheit", in dem der Leser das Funkeln der Sterne nicht wirklich vermisst.[14]

Wenn auch unser Heimatplanet mit solchen Formen eines konkurrierenden Leuchtens hinter der Pracht einer Sternennacht kaum zurückfällt, so sind die eigentlichen Wettbewerber der Sterne doch am Himmel zu suchen. Unsere Sonne (die gewöhnlich nicht als das wahrgenommen wird, was sie eigentlich ist: ein Stern unter Sternen), vor allem aber der Mond legen sich ordentlich ins Zeug. Zwar ist letzterer wegen seiner geringen Rückstrahlkraft einer der dunkelsten Körper im Sonnensystem. Dennoch reicht sein von der Sonne reflektiertes, silbernes Licht aus, die meisten Sterne verschwinden zu lassen und der Dunkelheit einen Teil ihres Schreckens zu nehmen. Hierbei bleibt der Mond im Gegensatz zur Sonne durch sein mildes Licht selbst sichtbar und gibt sich als Himmelskörper zu erkennen, der der Erde in ihrer Stofflichkeit und Formung ähnelt.[15] Es verwundert daher nicht, dass der Mond wiederholt zum Freund und manchem Reisenden zum treuen Begleiter wird, eine Erfahrung für deren literarische Verarbeitung exemplarisch Eichendorffs unbekümmert in die Welt hinaus ziehender *Taugenichts* stehen mag.[16] Und manchmal spendet seine traute Nähe und heimelige Helligkeit gerade an den abgelegensten Orten und in den schwersten Stunden des Lebens Trost.

Der erste Weltkrieg, eine der großen Katastrophen des 20. Jahrhunderts, tobt im Dezember 1914 seit wenigen Monaten und noch ist sein ganzes Ausmaß kaum abzusehen. Die Zeiten eines mondseelig-unbekümmert umherreisenden Taugenichts jedoch sind vorbei, soviel ist klar. Eichendorffs romantischer Antiheld fährt jetzt nicht mehr in die Welt hinaus – allenfalls noch als

Feldlektüre im Tornister eines deutschen Infanteristen mit an die Westfront. Auch ist das große Zeitalter der geografischen Entdeckungen abgeschlossen. Die Menschheit hat fast alle, ehemals weißen Flecken auf der Weltkarte erforscht, Ausnahmen sind einige wenige Regionen im Innern der großen Kontinente, etwa im afrikanischen oder südamerikanischen Regenwald.

Konjunktur haben zu dieser Zeit die noch unerforschten Polregionen: Wenige Jahre vor Kriegsausbruch erreicht Roald Amundsen 1911 als erster Mensch den Südpol. In einem regelrechten Wettrennen findet sein Konkurrent, der Brite Robert Scott mitsamt Begleitern, einen tragischen Tod. Nur in Gänze durchquert hatte noch niemand den Eiskontinent – für den britischen Polarforscher Ernest Shackleton eine letzte Herausforderung und Chance, wenigstens einen Teil der verlorenen Reputation ins Vereinigte Königreich zurückzuholen. Mit einer gut ausgerüsteten und hoch motivierten Mannschaft bricht Shackleton am Ende des ersten Kriegsjahres von Südgeorgien aus auf, den entscheidenden Abschnitt der Strecke in Angriff zu nehmen. Es ist der Beginn einer mehrjährigen, abenteuerlichen Reise, die für ihn und seine Gefährten beinahe übermenschliche Strapazen und Entbehrungen bringt. Am Ende wird auch seine Expedition im Hinblick auf das gesteckte Ziel einer Antarktisdurchquerung scheitern. Das Unternehmen soll sich vielmehr zu einem der großen Dramen der neueren Expeditionsgeschichte ausweiten.

Shackleton startet mit zwei Schiffen, der *Endurance* und der *Aurora*. Damit will er die Antarktis von zwei gegenüberliegenden Seiten gewissermaßen in die Zange nehmen. Doch beide Schiffe frieren im Verlauf der Expedition an den entgegengesetzten Enden des antarktischen Kontinents fest und treiben in der Folge mit dem Packeis ab. Die *Endurance*, auf der auch Shackleton selbst sich befindet, wird nach langen Monaten des Hoffens und Bangens schließlich vom Eis zermalmt. Zurück bleibt auf einer immer dünner werdenden Eisdecke die Mannschaft mit ihren Schlittengespannen und drei kleinen Beibooten.

Einige tausend Kilometer weiter hat man ähnliches Pech. Dem an Bord gebliebenen Teil der Besatzung der *Aurora* (der andere wurde zuvor in der Antarktis abgesetzt, ihm stehen gleichfalls harte Prüfungen bevor, am Ende ist ein Toter zu beklagen) gelingt es zwar, das Schiff aus der Umklammerung des Eises zu befreien. Allerdings treibt es danach über Wochen und Monate hinweg stark beschädigt in den eisreichen Gewässern des Südpazifiks. Aus der Mitte dieser Gruppe stammt folgendes Zitat:

> *»8. Juni – Habe unseren Breitengrad – 75° 59′ Süd – anhand des Stands des Sirius bestimmt. Unser Leben ist äußerst monoton, doch alle Mann scheinen so weit glücklich und zufrieden. Habe festgestellt, dass wir nicht besonders gut mit Verpflegung ausgestattet sind, und werde die Rationen etwas kürzen müssen.«*[17]

Ein Logbucheintrag wie aus dem Bilderbuch, wie wohl kein Schriftsteller ihn sich für einen Abenteuerroman besser ausdenken könnte. Er findet sich in Shackletons Reisebericht. Shackleton hat ihn den Aufzeichnungen von J. R. Stenhouse, dem Ersten Offizier der *Aurora*, entnommen. Der Seemann gehörte der Teilexpedition an, die Shackletons Gruppe über das Ross-Schelfeis entgegenkommen und auf diesem Weg in regelmäßigen Abständen Proviantdepots anlegen sollte.

Es ist nun einerseits nichts Ungewöhnliches daran, dass in einem Logbucheintrag Sirius Erwähnung findet. Als hellster Fixstern am Himmel ist er gut während der Zeit sichtbar, welche die Seefahrer seit jeher zur astronomischen Positionsbestimmung nutzen. Das ist dann der Fall, wenn die Sonne abends und morgens knapp unter dem Horizont steht. Nur zu dieser Zeit ist es noch (oder bereits) ausreichend hell, um ungestört vom Meer der übrigen Sterne die leuchtstärkeren Gestirne für eine exakte Peilung nutzen zu können. Erstere werden während dieser Phase, die nicht von ungefähr auch ‚nautische Dämmerung' genannt wird, noch (oder schon) durch den hellen Himmelshintergrund überstrahlt. Gleichzeitig kann der Seemann als irdische Bezugslinie jedoch auch den Horizont erkennen.

Genau aus dem Grund seiner herausragenden Helligkeit ist andererseits die namentliche Nennung von Sirius hier aber auch bemerkenswert. Denn mit ihm hat es zwar der hellste Stern am Himmel in Shackletons Bericht geschafft. Doch dabei bleibt es. Ansonsten schweigt er sich über Sterne und Sternennächte aus, von denen es während zweier dunkler Südpolarwinter immerhin mehr als genug gegeben haben dürfte. Es ließe sich dazu eine These aufstellen, die zunächst gewagter klingen mag, als sie tatsächlich ist: Bis auf den hellsten Stern am Firmament waren all die anderen Sterne schlicht zu lichtschwach, um es in den Reisebericht zu schaffen. In der Bedeutungslogik der vom Text gewählten Licht-Metaphorik werden sie von anderen, wichtigeren Lichtquellen, selbst in dunkelster Nacht noch, ‚überstrahlt'. Als mindere, minder wichtige Lichtquellen aber kann der Erzähler die Sterne ignorieren. Die Sternennächte fallen damit für den Leser aus.

Dies setzt freilich voraus, dass Licht und Helligkeit für Shackleton eine weitaus größere Bedeutung besitzen, als es bloße physikalische Phänomene haben können. Es stellt sich zudem die Frage, um welche hellen Lichtquellen es sich hierbei handelt? Das Polarlicht erwähnt er lediglich an einer Stelle – es scheidet also aus. Die Frage lässt sich, gewissermaßen unter einer existenzialistischen Perspektive, beantworten.

Bestand das ursprüngliche Expeditionsziel noch darin, erstmals den antarktischen Kontinent zu durchqueren und dabei Aufschlüsse über Geografie und Wetterverhältnisse zu gewinnen, so konnte es nach dem Einfrieren der *Endurance* im Packeis, einem langen Polarwinter und dem schlussendlichen Untergang des Schiffes nur noch um das Überleben der Mannschaft gehen. Bedenkt man diese Umstände, wundert es nicht, dass Kälte, Dunkelheit, Eis, Hunger und die körperlichen Strapazen nicht nur die zentralen Themen in Shackletons, kurz nach der Rückkehr auf Basis seiner und anderer Tagebuchaufzeichnungen verfasstem Bericht sind. Sie sind beinahe, neben der Beschreibung des groben Routenverlaufs, einziger Gegenstand der Erzählung. Als positiven Gegenpart zu diesen Manifestationsformen einer äußerst lebensfeindlichen Natur setzt der Autor Sonne und Mond, die in ihrem regelmäßigen Erscheinungsrhythmus gegenüber den unberechenbaren Bewegungen des Eises und des Meeres kalkulierbare Bezugspunkte bieten, die vor allem aber das – gerade für die Psyche der Expeditionsteilnehmer – lebensnotwendige Licht spenden, die Helligkeit herstellen.

Dem Lauf der Sonne und des Erdtrabanten schenken die Männer um Shackleton große Aufmerksamkeit. Besondere Daten wie die Sonnenwenden oder das erste Licht am Horizont gegen Ende eines langen Polarwinters feiern sie wie Festtage; das Niedersinken der Sonne zeigt dagegen an, dass eine schwierige Zeit voller Angst und Gefahren bevorsteht:

> *Die Sonne, die zwei Monate lang über dem Horizont gestanden hatte, sank am 17. Februar tiefer, und obwohl sie bis April nicht völlig verschwinden würde, warnten uns ihre schräg stehenden Strahlen doch vor dem Kommen des Winters.*[18]
> *[…]*
> *Am 1. Mai nahmen wir endgültig Abschied von der Sonne und glitten in die Zeit des Dämmerlichts, auf die die Dunkelheit des Mittwinters folgen sollte. Ich notierte: »Man spürt unsere Hilflosigkeit, nun, da die lange Winternacht uns umschließt. […].«*[19]

Shackleton huldigt dem Muttergestirn auf fast archaische Weise, und viel fehlt nicht zu einem trotzigen Sonnenkult. So empfängt beispielsweise die unwirtliche Landschaft ihre Schönheit nahezu ausschließlich durch die Sonne:

> *Nur ganz selten gab es schöne, ruhige und klare Tage, an denen das Glühen der untergehenden Sonne die Berge und Gletscher in unvergleichlicher Schönheit erstrahlen ließ.*[20]

„Neuen Lebensmut"[21] erhalten die Expeditionsteilnehmer in ihrer schwierigen Lage nicht nur durch das Sonnenlicht, sondern auch durch den Mond, der ihnen als Stellvertreter der Sonne in den langen Zeiträumen ihrer gänzlichen Abwesenheit am schwarzen Himmel leuchtet. Auch ihn setzt Shackleton, der ansonsten durchweg sehr nüchtern berichtet, bildhaft in Szene:

> *Das Licht war nun sehr schlecht, abgesehen von den Stunden, in denen ein freundlicher Mond am Himmel stand.*[22]

Es klingt hier ein doppeltes Motiv an, das sich noch an anderen Stellen des Reiseberichts findet: Interessanterweise berichtet Shackleton mehrmals über den Mond als Mittel zu Orientierung, insofern dieser überhaupt erst eine gewisse Sichtbarkeit der jeweiligen Umgebung herstellt. Nicht weniger interessant ist, dass er im Zuge dessen zwar sachlich die Vorteile dieser Form der Beleuchtung schildert, was ihn jedoch zugleich nicht daran hindert, den ursächlichen Beleuchter auf einfühlsame Weise mit menschlichen Zügen auszustatten:

> *Nach zwei Stunden stetigen Steigens befanden wir uns etwa 750 Meter über dem Meeresspiegel. Das helle Mondlicht zeigte uns, dass das Landesinnere extrem zerklüftet war. […] Der Mond, unser guter Freund, warf an einer Stelle einen langen Schatten und sagte uns damit, dass die Oberfläche an dieser Stelle unseres Weges eingebrochen war. Solchermaßen gewarnt, umgingen wir ein riesiges Loch, in dem eine ganze Armee hätte versinken können.*[23]

In der Literatur hat es durchaus Tradition, Himmelserscheinungen so in Szene zu setzen – nämlich als freundliche Begleiter, als zuversichtlich stimmende Zeichen inmitten einer einsamen und feindlichen, weil dunklen oder fremden Umgebung. Insbesondere der Mond, der aufgrund seiner Erdnähe und Erdähnlichkeit wohl am ehesten Vertrauen erweckt, leistet nicht nur den Reisenden gute Dienste – so auch im nachträglichen Bericht:

> *Gegen 20 Uhr ging jedoch der Vollmond über uns auf und zeichnete einen silbernen Pfad vor unsere Füße. Vorwärts und aufwärts marschierten wir durch weichen Schnee […]. Noch immer folgten wir dem Licht, da der Mond wie wir nach Nordosten wanderte. Der freundliche Mond schien unsere müden Füße zu geleiten. Wir hätten keinen besseren Begleiter haben können.*[24]

Zeilen dieser Art dürften vielen Lesern nicht ganz unbekannt vorkommen. War es nicht im Märchen der Brüder Grimm, wo das helle Mondlicht die weißen Kieselsteine, die Hänsel zuvor auf den Waldboden gestreut hatte, leuchten ließ und damit ihm und seiner Schwester Gretel den rettenden Weg zurück nach Hause ermöglichte? Die verblüffende Ähnlichkeit zwischen diesen im Prinzip ganz unähnlichen Textpassagen setzt aber nur solange in Erstaunen, bis man bedenkt, dass beiden Fällen ja dasselbe genau beobachtete, physikalische Phänomen zugrunde liegt: die doppelte Reflexion des Sonnenlichts vom Mond auf den weißen Schnee/die weißen Steine und von dort in das Auge des umherirrenden Wanderers. Vielleicht führte gerade diese indirekte Verbindung zum Licht der Sonne und die durch die lunare Albedo und die Erdatmosphäre hervorgerufene Abschwächung und Umfärbung ihres sonst gleißenden, kaum lange auszuhaltenden direkten Anblicks dazu, dass der Mond in der Kunst das am stärksten mit Erwartungen, Wünschen und Hoffnungen, kurz: mit Bedeutung aufgeladene Gestirn ist. Gegen ihn verblassen die Sterne in ihrer unzweideutigen, oft schonungslosen Sichtbarkeit und Zeichenhaftigkeit – am Himmel und in den Büchern.

Und doch fesseln sie den Reisenden ab und an, vorzugsweise, wenn sich der Mond gerade nicht blicken lässt. Ja, dann erst können sie ihre ganze Pracht entfalten – eine Pracht, die allerdings nicht immer nur für Hochgefühle sorgt, und so singen Pink Floyd in ihrem Song *Astronomy Domine* nicht umsonst davon, dass Sterne Angst machen können:

Lime and limpid green, a second scene
A fight between the blue you once knew.
Floating down, the sound resounds
Around the icy waters underground.
Jupiter and Saturn, Oberon, Miranda and Titania.
Neptune, Titan, Stars can frighten.[25]

Auf den Umstand, dass Sterne also auch den Bauch ansprechen (und sich die Reiseliteratur darüber im Klaren ist), wird das folgende Kapitel näher eingehen.

Anmerkungen

1 Christoph Kolumbus: *Bordbuch. Aufzeichnungen seiner ersten Entdeckungsfahrt nach Amerika 1492–93.* Kreuzlingen und München: Diederichs/Hugendubel 2006; S. 81.

2 Ebd., S. 49.

3 Ebd., S. 76.

4 Ebd., S. 17.

5 In Seefahrerkreisen, das macht diese Sache noch merkwürdiger, sei aber nur der Ergänzung halber erwähnt, ist das Nichterspähen von Wegzeichen, anderen Schiffen oder Ähnlichem gewissermaßen ein berufliches No-Go. Über diese despektierliche Unschärfe der Augen schreibt beispielsweise Joachim Ringelnatz. Vgl. ders.: *In See*. In: Nicht schon wieder Wellen! Hinterhältige Geschichten vom Meer. Ausgewählt von Daniel Kampa und Winfried Stephan. Zürich: Diogenes Verlag 2010; S. 277.

6 Vgl. Kolumbus, *Bordbuch*, Anmerkung 21, S. 287.

7 Dieter Richter: *Der Süden. Geschichte einer Himmelsrichtung.* Berlin: Wagenbach 2009; S. 25.

8 Mary Kingsley: *Travels in West Africa.* London: The Folio Society 2007 (1897); S. 97.

9 Hans Meyer: *Die Erstbesteigung des Kilimandscharo.* Lenningen: Edition Erdmann 2001 (1890); S. 150. Das an dieser Stelle mitschwingende Motiv des Aufstiegs zu den Sternen wird im folgenden Kapitel noch einmal anklingen.

10 Kingsley, *Travels*, S. 247.

11 Patrick Leigh Fermor: *Der Baum des Reisenden. Eine Fahrt durch die Karibik.* Zürich: Dörlemann 2009 (1950); S. 360f.

12 Erwin Drinneberg: *Von Ceylon zum Himalaja. Ein Reisebuch.* Berlin: Wegweiser-Verlag/Volksverband der Bücherfreunde 1926; S. 224.

13 Mark Twain: *Post aus Hawaii.* Hrsg. und übersetzt von Alexander Pechmann. Hamburg: mareverlag 2010 (1967/1866); S. 225.

14 Ebd., S. 330.

15 Vgl. Hans Blumenberg: *Die Vollzähligkeit der Sterne.* Frankfurt am Main: Suhrkamp 2000; S. 168f.

16 Vgl. Joseph von Eichendorff: *Aus dem Leben eines Taugenichts.* Stuttgart: Klett 1984 (1823/26); z. B. S. 40 und 57.

17 Sir Ernest Shackleton: *Mit der Endurance ins ewige Eis. Meine Antarktisexpedition 1914–1917.* München: Piper 2006 (1919); S. 267.

18 Ebd., S. 40.

19 Ebd., S. 47.

20 Ebd., S. 209.

21 Ebd.

22 Ebd., S. 49.

23 Ebd., S. 170.

24 Ebd., S. 177.

25 Pink Floyd: *Astronomy Domine* (aus dem Album *The Piper at the Gatesof Dawn*, Columbia/EMI 1967).

Von widerstreitenden Empfindungen wie Freude und Beunruhigung berichten manche Autoren angesichts fremder Sterne. Auf der Fotografie steht die Milchstraße über dem Gamsberg in Namibia.

Schauen und schaudern

Nächtlicher Genuss, nächtliches Unwohlsein

Die Aufgabenstellung an einen Versuchsleser im Rahmen eines kleinen, fiktiven Leseexperiments könnte etwa folgendermaßen lauten: ‚Nehmen Sie einen der kanonischen Texte der europäischen Hochliteratur, Dante Alighieris *Die Göttliche Komödie*, zur Hand und tun Sie so, als sei der Text ein direkter Vorläufer neuzeitlicher Reiseberichte, ja teile deren Affinität zur Sternbeobachtung.‘ Binnen kurzer Zeit würde der auf diese Lektüre festgelegte Proband bemerken, dass schon in diesem Anfang des 14. Jahrhunderts in Italien entstandenen epischen Gedicht buchstäblich alles auf die Sterne hinausläuft, alles zu ihnen hindrängt.[1]

Wie das gemacht wird, und was Dantes Blick zu den Sternen kennzeichnet, darüber gibt nicht nur der Inhalt, sondern auch die bis in kleinste Details kunstvoll ausgearbeitete Form des Textes Auskunft. So widmet Dante zum Beispiel den drei bereisten Zonen je ein Kapitel. Wer oder was darin jeweils das letzte Wort hat, lässt aufmerken, denn jedes schließt auf „Stern“. Über diesen verskompositorischen Zug hinaus sind die Sterne vor allem das Ziel der inhaltlichen Wanderungsbewegung der Protagonisten, voran Dantes literarischem *Alter Ego*: Der Ich-Erzähler der *Göttlichen Komödie* unternimmt in der Geschichte eine lange und gefährliche Fahrt. Zunächst wird er dabei vom antiken Dichter Vergil geführt, später begleitet ihn Beatrice, die literarische Manifestation von Dantes großer, innig verehrter, doch früh verstorbener Liebe. Die fiktive Reiseroute verläuft derweil nicht über Länder, Kontinente und Weltmeere hinweg. Windungsreich führt der Weg stattdessen hinab zu den äußerst drastisch geschilderten Schrecken der Hölle, dann wieder aufwärts durch das Fegefeuer und schließlich bis ins Paradies. Beim Austritt aus der Hölle heißt es am Ende:

Einschlug mein Führer den geheimen Gang,
Zur Welt mit mir, der hellen, heimzukehren,
Und stiegen, er voran, ich zweiter, lang,
Ohn irgend Rast noch Ruhe zu begehren,
Bis daß ein Rund mich sehen ließ von ferne
Die Zeichen, die der Himmel trägt, die hehren:
Und wir entstiegen ihm, zu schaun die Sterne.
(Dante, GK, 1 XXXIV, 133-139)

Der Aufstieg aus den finsteren Tiefen der Hölle führt zielgerichtet einen langen und schmalen Gang hinauf, an dessen Ende, inmitten des freigelassenen Himmelsausschnitts, die Sterne sichtbar werden. Fast fühlt man sich an ein überdimensionales, begehbares Fernrohr erinnert, ein zu Dantes Zeit freilich noch unbekanntes optisches Instrument, das erst Jahrhunderte später seinen Siegeszug antritt.[2]

Auf dem weiteren Weg liegt für Dantes Erzähler nun zunächst das Fegefeuer – gleichsam Warteraum bis zum Jüngsten Gericht für all diejenigen Seelen, die es aufgrund minderer Verfehlungen zwar nicht in die Hölle, doch auch nicht ganz ins Paradies geschafft haben. Die Erleichterung des Erzählers, das Grauen nun hinter sich lassen zu können, schlägt sich in einer freudigen Wiederbelebung des Gesichtssinns nieder:

Und neu ward meiner Augen Lust am Schauen,
Da ich dem Hauch entrann der Todesnacht,
Der Aug und Brust beklemmt mit Grauen.
(Dante, GK, 2 I, 16-18)

Die aufwärts gerichtete Bewegung der Figuren korrespondiert wie schon am Ende des ersten Kapitels hier erneut mit deren Blickrichtung. Nicht nur mit dem Fuß, sondern auch mit dem Auge geht es dem Himmel entgegen. Und dieses erfreut sich sogleich an dessen Schönheiten, fällt der Blick doch auf die Sterne, genauer: auf einen Wandelstern, einen Planeten, die Venus – „Der schöne Stern, der Liebesglut entfacht" (Dante GK, 2 I, 19). Doch nicht allein der betrachtende Ich-Erzähler ist begeistert vom schönen Schein des Gestirns. Der Himmel selbst ist von seinem Glanz eingenommen. Besonders gilt dies aber bei vier weiteren, in diesem Fall richtigen Fixsternen:

> *Und sah vier Sterne, jedem Aug entrückt,*
> *Seit unser Erstlingspaar dort musste weichen.*
> *Der Himmel schien von ihrem Glanz entzückt [...]*
>
> *(Dante, GK 2 I, 23-25)*

Um welche vier hier nicht näher bezeichneten Sterne könnte es sich handeln? Liefert Dante dem Leser neben einer prägnanten Umschreibung für Adam und Eva („Erstlingspaar") vielleicht eine – kaum weniger die Phantasie anregende – Paraphrase eines tatsächlichen Stern*bildes*? Dieser Interpretation bietet sich dafür, als christliches Symbol schlechthin, das weit südlich stehende – und damit Dantes topografisch orientierter Heilslehre allein dadurch entgegenkommende – Sternbild des Südlichen Kreuzes (Crux) an.[3] Die vier hellen Sterne dieser eindrucksvollen Konstellation waren, wenn sie damals auch noch nicht als eigenständiges Muster angesehen wurden, so doch bereits in der heidnischen Antike im Mittelmeerraum bekannt. Sie gerieten durch die langsame Taumelbewegung der Erdachse der europäischen Kultur jedoch just ab dem Zeitpunkt Richtung Südhimmel abhanden, als sie sie als eigenständiges Sternbild in ihren jetzt christlichen Zeichenvorrat sinnvoll hätte integrieren können.[4] Paradise Lost! So aber haftete dem Sternbild im Mittelalter und der frühen Neuzeit etwas Legendäres an. Dieser Nimbus hat bis in unsere Zeit überdauert und wurde wohl durch die zunächst kaum mehr als sporadischen Berichte von aus südlichen Breiten heimkehrenden Seefahrern von Anfang an eher verstärkt als abgeschwächt.

Aus den Zeilen der *Göttlichen Komödie* kann der Leser unschwer eine Vorliebe für den südlichen Sternenhimmel herauslesen, wenn auch diese spirituell begründet und vereinnahmt wird. Diese Bevorzugung teilt manch einer der später tatsächlich Reisenden und Beobachtenden umstandslos, zum Beispiel bezieht sich Alexander von Humboldt im ersten Band seiner *Reise in die Aequinoctial-Gegenden des neuen Continents* ausdrücklich auf das Kreuz des Südens und Dantes Verse.[5] Etwa 600 Jahre nach Dante und rund 150 nach Humboldts Reise setzt Cuno Hoffmeister die Tradition des Südhimmel-Lobs fort. Der deutsche Astronom fasst in *Sterne über der Steppe* seinen Eindruck des südlichen Sternenhimmels gleichfalls in Verse:

> *Kosmische Mächte aber weben*
> *das Band, das um die Mitternacht*
> *das Land in weitem Bogen überspannte*
> *vom einen bis zum anderen Himmelsrande,*
> *von einem Glanz, als wollte es mit seiner Pracht*
> *die Tropenwunder dieser Erde imitieren.*[6]

Natürlich gibt es auch andere Meinungen, zumindest im Hinblick auf die Figürlichkeit südlicher Himmelsbreiten. Adelbert von Chamisso bezieht sich unter anderem direkt auf die zitierten Verse Dantes und bemerkt: „[…] ich kann […] in das überschwengliche [sic] Lob des südlichen Himmels nicht einstimmen; ich gebe dem heimischen den Vorzug." Er begründet dies mit der „Anhänglichkeit" zu den heimischen, ihm bekannten und gewohnten Sternbildern.[7] Für den Ich-Erzähler der *Göttlichen Komödie* aber kann im Vergleich zum Südhimmel der „finstre[…] Nord" (Dante, GK 2 I, 17) nicht mithalten und macht auf ihn einen glücklosen und „verwaist[en]" (Dante, GK 2 I, 16) Eindruck.

Fassen wir nochmals zusammen. Zunächst geht bei Dante dem Blick zum Sternenhimmel ein mühsamer und gefährlicher Weg voraus. *Per aspera ad astra,* wir kennen das schon. Die Sphäre der Sterne ist geografisch entrückt, lässt sich aber durch die körperliche Annäherung des Wanderers, die gleichzeitig psychische Umwälzungen nicht ausschließt, zumindest dem Gesichtssinn wieder nahe bringen. Ist der Weg geschafft, belohnt ein außergewöhnliches *ästhetisches Erlebnis* die Aufstiegsbewegung. Dieser sinnliche Genuss, die Schau-Lust, wird durch einen vorausgehenden längeren Zeitraum der Abstinenz noch verstärkt. Dies gilt sowohl für das schauende Individuum als auch für den gesamten Menschenstamm, dem durch die Vertreibung aus dem von Dante im Süden des Weltkreises verorteten Paradies der Anblick der dortigen Sterne und Sternbilder – verdichtet im durch die christliche Ikonografie überhöhten Kreuz des Südens – verwehrt bleibt.

Interessant wäre es nun, einmal nachzublättern, ob auch in jüngeren Reiseberichten mit durchweg soliderem Realitätsbezug ein doch ähnlich intensives Empfinden des Sternenhimmels, ein dem hier verwandtes, lustvolles Schauen der Sterne literarische Verarbeitung findet. Wird vielleicht auch dort der Himmel in ästhetischen Kategorien vergegenwärtigt? Gehorcht der erzählte Blick auch dort ähnlichen Regeln von Empfindung und Darstellung? Und was daran gefällt genau, was erfreut Auge und Gemüt? Berichten auch die neuzeitlichen Autoren auf ihren faktischen Reisen – wenn sie es denn tun – von der Schönheit des nächtlichen Sternenhimmels und dem Entzücken des Betrachters?

Hilfreich ist es, bei der Suche nach literarisierten Emotionen mit ganz einfachen Unterscheidungen zu beginnen. Etwa mit der zwischen Tag und Nacht. Die Differenz zwischen beiden ist im Grunde ein *Qualitäts*unterschied. Jener ist hell, diese dunkel. Dazwischen gibt es Phasen des graduellen Übergangs, Zeiten wechselnder Helligkeit und Dunkelheit, die in verschiedenen Kulturen und zu verschiedenen Zeiten unterschiedlich bewertet wurden – mal prosaisch schlicht als Dämmerung, dann wieder poetisch bildreich als Blaue Stunde. Wenn auch diese Erscheinung letztlich eine physikalische Ursache – die Höhe der Sonne über oder unter dem Horizont – hat, so wird das Phänomen doch durchweg kulturell vereinnahmt: Ängste angesichts der heraufziehenden Dunkelheit werden ebenso gesellschaftlich oder künstlerisch verarbeitet wie die Freude über den neu anbrechenden Tag.[8] In Heinrich Heines *Harzreise* findet sich beispielsweise eine berühmte Stelle, die den konventionalisierten Genussakt einer besonderen Sonnenposition ironisiert: Der in einer Gruppe beobachtete Sonnenuntergang reizt einzelne Mitglieder zu spontanen Gefühlsregungen, wodurch sich der ein oder andere der anwesenden Wanderer als reichlich schlichter Zeitgenosse zu erkennen gibt.[9]

Der Genuss des auf der Himmelsbühne stattfindenden Schauspiels findet über das Bemerken der Sonnenposition und des damit verbundenen Grades an Helligkeit hinaus seine unmittelbare Fortsetzung in der Beobachtung der augenscheinlichen *Qualitäten* ferner Sonnen – der Sterne. Théophile Gautier, französischer Literat und Reisender, schreibt um die Mitte des 19. Jahrhunderts in seiner *Reise in Andalusien* sehr bildhaft:

> *Es war finstere Nacht, als wir in Cádiz festmachten. Die Schiffslaternen, die Ankerlichter der Boote auf der Reede, die Beleuchtung in der Stadt, die Sterne am Himmel übersäten die plätschernden Wellen mit Millionen von goldenen, silbernen und feurigen Pailletten; auf stillem Wasser zeichnete der Widerschein der Leuchtfeuer bis auf das Meer hinaus lange, flammende Streifen von zauberhafter Wirkung. In der Dunkelheit hoben sich unheimlich die massigen Festungswälle ab.*[10]

In der Dunkelheit der Nacht bietet sich dem Erzähler dieser Zeilen ein überbordendes Schauspiel von Licht- und Farbeindrücken, und einen zentralen Part nimmt darin der gestirnte Himmel ein. Neben der *Qualität* des Eindrucks – das gold-, silber- und feuerfarbene Lichterspiel – misst der Erzähler der Fülle, also der *quantitativen* Wirkung der Szene eine wichtige Rolle bei: Ein Meer zahlloser Lichter spiegelt sich auf dem mal bewegten, an anderen Stellen unbewegten Wasser und entfaltet dadurch eine noch intensivere Wirkung auf Betrachter und Leser – der griechische Begriff ‚Kosmos' im Sinne der Bedeutung ‚Schmuck' drängt sich hier, wo Oben und Unten eins werden, geradezu auf.[11]

An der schieren Menge der für das bloße Auge in einer klaren und dunklen Nacht sichtbaren Sterne (tatsächlich sind es ‚nur' rund 2.000, aber die machen schon Einiges her und zudem befeuert die Literatur hier die Vorstellungskraft ganz immens[12]) erfreute sich auch ein berühmter Zeitgenosse Théophile Gautiers. Wie der französische Romantiker war er auf Reisen, allerdings aus ganz anderen Motiven. Auch führte ihn seine Fahrt weit über die Grenzen des alten Kontinents hinaus. In seinem Buch *Reise um die Welt 1831–1836* berichtet er von einem einschneidenden Erlebnis, das er auf einer abgelegenen Insel vor der Küste Chiles hatte:

> *Die Nacht war wolkenlos; während wir in unseren Betten lagen, ergötzten wir uns an dem Anblick der Menge Sterne (und dies ist ein großer Genuß), welche die Dunkelheit des Waldes erhellten.*[13]

Autor dieses Satzes ist Charles Darwin, der für die Entdeckung der Entwicklung der Arten bekannt wurde. Sein Bericht nimmt in der Geschichte der Reiseliteratur einen besonderen Platz ein, da er darin seine Beobachtungen und Schlussfolgerungen schildert, die ihn zu seiner Theorie führten. Als sich der junge schottische Naturwissenschaftler an Bord der *Beagle*, einem Forschungsschiff der englischen Marine, begab, war dies gleichwohl noch nicht abzusehen.

Bemerkenswert an diesem Satz ist insbesondere, dass er eine der wenigen Stellen in Darwins Bericht ist, wo der Autor auf den Sternenhimmel referiert. Umso merkwürdiger daher, dass hier gerade nicht, wie man vielleicht erwarten könnte, die Stimme des nüchternen Naturwissenschaftlers durchdringt, sondern der Erzähler stattdessen das lustvolle Erleben hervorhebt.

Im begeisterten Staunen über die unfassliche Anzahl der Sterne hat der große Naturforscher sicher beinahe ebenso viele Nachfahren gefunden, wie Lichtpunkte nächtens das Firmament zieren. Denn *davon* zu erzählen heißt, die Einsamkeit der Nacht gegen die Gemeinschaft Vieler einzutauschen. Kaum denkbar scheint es, dass jemand, der aus dem Urlaub oder auch nur von einer Nachtwanderung nach Hause zurückkehrt, nicht über die vielen Sterne zu berichten weiß, die er unterwegs gesehen hat: „Die Sterne standen dicht an dicht, sobald man zum Himmel aufblickte, wurde man zum Multimillionär […]", schreibt Patrick Leigh Fermor.[14] Michel Goeldlin, langjähriger Roman- und Sachbuchautor und um die Jahrtausendwende aufmerksamer Passagier auf einem Frachtschiff mit Kurs rund um die Welt, zieht für die glaubwürdige Vermittlung dieses Erlebnisses den astronomischen Profi als Gewährsmann heran:

> *Das Kreuz des Südens, verloren in einem Meer von Sternen, in dem sich selbst ein Astronom nur noch mit den richtigen Karten und Computerprogrammen zurechtfinden kann […] eigentlich brauche ich keine Namen, um ihre Schönheit zu genießen.*[15]

Bei Goeldlin, dessen Schiff zum Zeitpunkt dieser Beobachtung auf der südlichen Erdhalbkugel und damit unter einem gemeinhin weniger vertrauten Sternenzelt die Wogen durchpflügt, schwingt im Genuss der Sternenfülle Beunruhigung mit. Denn in der Unauffindbarkeit des berühmten Himmelskreuzes zeigt sich im Kern reine *Desorientierung*. Man könnte diese Stelle also so auslegen, dass es eher um ein Verlorensein *des Betrachters* angesichts des Universums geht, und nicht so sehr, wie der Erzähler hier eingangs suggerieren möchte, um ein Verlorensein des betrachteten Sternbildes. Dies tut jedoch dem Genuss an dieser Stelle keinen Abbruch – eher im Gegenteil: Wie im ausgelassenen Kinderspiel, das die immer schneller werdende, taumelnde Drehbewegung als festen Bestandteil kennt, gehört hier der verstörende Schwindel dazu. ‚Besoffen sein' hat der Weltenbummler Andreas Altmann das einmal unter einem australischen Sternenhimmel genannt.[16]

Das alles sind keine Einzelfälle. Andere Autoren berauschen sich gleichfalls an Anzahl, Bewegung und Neuheit der Sterne und damit, wie Goeldlin oder Altmann, mittelbar an einem Verlustempfinden durch Desorientierung. Was diesbezüglich eine dunkle Nacht dem reisenden Betrachter bieten kann, wird verbreitet hervorgehoben. Adelbert von Chamisso etwa spricht auf seiner Weltumseglung von einem „große[n]" und „ehrfurchtgebietende[n] Schauspiel", das auf dem Weg in den Süden „uns der Himmel in seinen Veränderungen dar[bot]."[17] Altbekannte und gewohnte Sternbilder verschwinden allmählich unter dem Horizont, andere, bislang kaum durch Karten bekannte, steigen auf Reisen empor. Théophile Gautier wiederum ist begeistert vom „Funkeln" der Sterne, und vergleicht es mit „eine[m] leuchtenden Wirbel gleich dem, welchen die wegen ihrer raschen Bewegung unsichtbaren Flügel um den Körper der Libellen herum verursachen."[18]

Verschiedene Sinneseindrücke, die zugleich literarisch ganz unterschiedlich gehandhabt werden, bereiten in diesen Texten den Erzählern Genuss. Mal ist wie bei Gautier der Blickwinkel ein romantisch-begeisterter, in Folge dessen die Nacht mit zahlreichen Adjektiven geschmückt wird. Dann wieder dringt noch in der Begeisterung der nüchtern feststellende Beobachter durch, wie bei Charles Darwin. Immer aber sind Licht, Farbe, die bloße Menge der Sterne, das Neuartige des Spektakels, der Taumel des sich darin nicht mehr Zurechtfindens Auslöser für angenehme Empfindungen beziehungsweise für ihre literarische Fixierung. Hinzufügen ließen sich zu diesem Katalog darüber hinaus weitere Stimulanzien der Nacht, etwa eine gefühlte Plastizität, eine empfundene Greifbarkeit des Himmelsschauspiels. Auch ein Gefühl der Nähe und Intimität der Szenerie gehören dazu – Kategorien, die nicht nur aus den himmlischen Schauobjekten selbst, sondern oft aus den außergewöhnlichen Beobachtungsumständen der Reisen resultieren.

Eine Vielfalt der Aspekte. Und dennoch – diese Textstellen teilen neben dem Moment des Ergötzlichen noch mehr miteinander.

Um sich etwas Orientierung zu verschaffen, sollte man sich dazu jedoch zunächst Verstärkung suchen. Ein Ansatz zur Einordnung der genannten Emotionen findet sich in einer Schrift des Philosophen Immanuel Kant. Der deutsche Aufklärer, dem durch eine für seine Zeit äußerst hellsichtige Schrift, die „Allgemeine Naturgeschichte und Theorie des Himmels", auch ein fester Platz in der Geschichte der Astronomie gebührt, hat sich in einem anderen Aufsatz – den *Beobachtungen über das Gefühl des Schönen und Erhabenen*[19] – über diese beiden speziellen Empfindungen des Menschen ausgiebig den Kopf zerbrochen.

Kant geht es darum herauszufinden, wie und ob sich die Gefühle „des Vergnügens oder des Verdrusses" (Kant, SE 193) objektiv beschreiben lassen. Gleich zu Anfang stellt er fest: Nein, diese Empfindungen wurzeln in jedem Menschen selbst und können daher unter Umständen bei ein und demselben Gegenstand ganz unterschiedlich sein. Bei den beiden Gefühlen des Schönen und des Erhabenen werde der Mensch „angenehm" (Kant, SE 194) berührt – allerdings „auf sehr verschiedene Weise". Wo das Schöne durch Fröhlichkeit erfreue, errege das Erhabene „Wohlgefallen, aber mit Grausen" (Kant, SE 194). Der Philosoph führt eine ganze Reihe von Beispielen an, um seine beiden Kategorien zu veranschaulichen. Darunter befindet sich eines, das an dieser Stelle Aufmerksamkeit verdient: „Die Nacht ist erhaben, der Tag ist schön." (Kant, SE 195) Folgt man dem, tritt dem lustvollen Er*schauen* (Wohlgefallen) der Nacht und ihrer Erscheinungen, von dem oben noch bei Dante die Rede war, ein nicht weniger lustvolles Er*schaudern* (Grausen) an die Seite – wie es sich eben bei Michel Goeldlin schon beobachten ließ. Und wie es andere wieder und wieder beschreiben:

> *In dem Moment, als ich auf der Brücke war, hob ich die Augen und sah ein Zelt aus Samt, über und über bestickt mit Brillanten. So klar, so strahlend, so schockierend nah.*
> *»Impressed?«*
> *Neben mir stand St. John. Ich nickte.*
> *»First time?«*
> *Ich nickte wieder. [...]*[20]

Die Verbindung zwischen Kants zwiespältigem Gefühl der Erhabenheit und dem ambivalenten Genuss des nächtlichen Sternhimmels geht aber noch ein wenig weiter. Das ergibt sich aus seiner weiteren Unterteilung des Erhabenen. Kant kennt davon ein Schreckhaft-Erhabenes, ein Edles und ein Prächtiges (Kant, SE 195). Gedeckt durch die generelle Zuteilung der Nacht zur Sphäre des Erhabenen – also letztlich des Ambivalenten, Gegensätzlichen – passt die Dreiteilung auf die oben vorgestellten Genusskategorien, die sich bei der literarisch vermittelten Betrachtung des Sternenhimmels identifizieren ließen. Die erste Form, das Schreckhaft-Erhabene, erklärt sich fast von selbst: Die Empfindung von Anzahl, Bewegung und Neuheit, der Eindruck von Desorientierung usw. – all diese Rührungen haben ein eindeutiges Moment der Verstörung.

Die ‚Pracht der Nacht' dringt als Empfindung dagegen insbesondere in den Schilderungen von Théophile Gautier durch, also in einer attributgesättigten, schwelgenden Prosa. Seine Adjektive umfassen alle möglichen Facetten des Visuellen und legen in ihrer Anhäufung Zeugnis ab von der Beschaffenheit und Intensität des Eindrucks, dem sich der Betrachter ausgesetzt sieht.

Das Edle findet Kant in „ruhiger Bewunderung" (Kant, SE 195) wieder. Das erinnert an die Worte von Adelbert von Chamisso, dem der Wechsel am Sternenhimmel während seiner Reise Ehrfurcht einflößte. Was aber heißt das? Bewunderung und Ehrfurcht – bei all dem schrecklich prächtigen Sinnenfieber für die Sterne tritt hier zuletzt doch ein intellektuelles Element hinzu. Denn um Bewunderung zu empfinden, muss ich um die Natur des Bewunderten zumindest in groben Zügen Bescheid wissen, oder muss mir zumindest eine für mich stimmige Theorie darüber zurecht gelegt haben. Ich muss gewissermaßen das Bewunderte bereits vereinnahmt, muss mich zu ihm reflektierend in Beziehung gesetzt haben, bevor ich es überhaupt bewundern kann. Und genau dieser Form der Aneignung des Sternenhimmels kommt in zahlreichen Reiseberichten eine herausragende Bedeutung zu. Mehr dazu auf den folgenden Seiten.

Anmerkungen

1 Dies ist natürlich auch in der Dante-Forschung nicht unbemerkt geblieben, vgl. etwa Alison Cornish: *Reading Dante's Stars*. New Haven, Connecticut: Yale University Press 2000.
Die hier benutze deutsche Ausgabe wurde von Friedrich Freiherrn von Falkenhausen übersetzt, vgl.: Dante Alighieri: *Die Göttliche Komödie*. Frankfurt am Main und Leipzig: Insel 2002 (um 1320). Im Folgenden weise ich die Zitate gemäß der Buch-, Kapitel- und Verszählung oben im Text nach.

2 Vgl. zur Geschichte des Fernrohrs ausführlich: Richard Panek: *Das Auge Gottes. Das Teleskop und die lange Entdeckung der Unendlichkeit*. Stuttgart: Klett-Cotta 2001 sowie Dieter B. Herrmann: *Der Zyklop. Die Kulturgeschichte des Fernrohrs*. Braunschweig: Westermann 2009.

3 Vgl. zu dieser Deutung den Kommentar in Dante, *Komödie*, S. 596.

4 Vgl. Ian Ridpath/Will Tirion: *Der große Kosmos-Himmelsführer. Der nördliche und südliche Sternenhimmel*. Stuttgart: Franckh 1987; S. 128.

5 Vgl. Alexander von Humboldt: *Reise in die Aequinoctial-Gegenden des neuen Continents. Band 1*. In deutscher Bearbeitung von Hermann Hauff. Nach der Anordnung und unter Mitwirkung des Verfassers. Einzige von A. v. Humboldt anerkannte Ausgabe in deutscher Sprache. Stuttgart: J. G. Cotta 1865 (E-Book 22492, Release 3. September 2007, Projekt Gutenberg E-Book; http://www.gutenberg.org/dirs/2/2/4/9/22492/); S. 160.

6 Cuno Hoffmeister: *Sterne über der Steppe. Das Bild eines Landes – Südwestafrika*. Leipzig: VEB F.A. Brockhaus [2]1955; S. 97.

7 Adelbert von Chamisso: *Reise um die Welt*. Berlin: Aufbau 2001 (1835); S. 82.

8 Vgl. zur kulturell wie historisch wechselnden Vereinnahmung der Nacht sowie ihrer ‚Ränder' generell die beiden Bücher von Elisabeth Bronfen und Roger A. Ekirch.

9 Vgl. Heinrich Heine: *Die Harzreise*. Stuttgart: Phillip Reclam 1955 (1826); S. 56.

10 Théophile Gautier: *Reise in Andalusien*. München: Deutscher Taschenbuch Verlag 1994 (1843); S. 242.

11 Vgl. zu dieser Wortbedeutung Herrmann, *Zyklop*, S. 18.

12 Vgl. Ridpath/Tirion, *Himmelsführer*, S. 4.

13 Charles Darwin: *Reise um die Welt 1831–36*. Stuttgart und Wien: Erdmann [6]1986 (1839), S. 199.

14 Patrick Leigh Fermor: *Zwischen Wäldern und Wasser. Zu Fuß nach Konstantinopel: Von der mittleren Donau bis zum Eisernen Tor. Der Reise zweiter Teil.* Frankfurt am Main: Fischer 2008 (1986); S. 285.

15 Michel und Yucki Goeldlin: *Die Spur der Gischt. Mit dem Frachter über die Weltmeere.* München: Goldmann/National Geographic 2003, S. 102.

16 Vgl. Andreas Altmann: *Im Land der Regenbogenschlange. Unterwegs in Australien.* Reinbek bei Hamburg: Rowohlt 2010; S. 142.

17 Chamisso, *Reise um die Welt*, S. 47.

18 Gautier, *Reise in Andalusien*, S. 190.

19 Immanuel Kant: *Beobachtungen über das Gefühl des Schönen und Erhabenen.* In: Rolf Toman (Hrsg.): Immanuel Kant. Werke in sechs Bänden – Band 1: Träume eines Geistersehers und andere vorkritische Schriften. Köln: Könemann 1995 (1764); S. 191–255. Im Folgenden weise ich die Zitate im Text nach als Kant, SE plus Seitenzahl.

20 Wolfgang Büscher: *Asiatische Absencen.* Berlin: Rowohlt 2008; S. 46f.

Zeigend und in Erzählungen vergegenwärtigen sich Menschen seit jeher den Nachthimmel. In der Aufnahme sind prominente Sternbilder des Winters zu sehen, deren hellste Sterne das so genannte Wintersechseck bilden.

Griff nach den Sternen

Den Nachthimmel erzählend entschärfen

Im ersten und im dritten Kapitel war zu lesen, dass der Reisende den Blick zu den Sternen oft gar nicht erst versucht, dass er ihn dem Leser vorenthält oder dass er mit dem Blick leicht scheitern kann und dass auch andere Leuchterscheinungen seine Aufmerksamkeit fesseln. Trotzdem finden sich wenigstens kurze und verstreute Berichte über Sternbeobachtungen in auffällig vielen Reiseberichten. Warum könnte das so sein? Worin liegt das – oder *ein* wesentliches – Motiv?

Eine Antwort auf diese Frage ist nicht so einfach, wie es anfangs vielleicht scheint. Denn man landet damit zunächst bei einer weiteren, viel grundsätzlicheren Frage: Warum betrachtet der Mensch überhaupt die Sterne? Hier nun kann man weit ausholen – der antike Dichter Ovid meinte vor gut 2000 Jahren sogar, man müsse dazu bis zum Menschsein an sich zurückgehen. Seiner Ansicht nach macht nämlich dies den Menschen aus, dass er bewusst den Blick zu den Sternen erhebt. In der vielzitierten Passage seiner *Metamorphosen* sieht Ovid in der gezielten Himmelsschau eine Art Alleinstellungsmerkmal des Menschen vor den Tieren, die schon ihrer Haltung wegen immer zu Boden blicken müssten.[1] Der Blick hinauf zum Firmament ist demnach auf eine physiognomische Besonderheit – den aufrechten Gang – zurückzuführen, darüber hinaus ein menschlicher Wesenszug, und insofern nicht weiter erklärungsbedürftig. Akzeptiert man diese Antwort (und viel spricht in der Tat nicht dagegen), ist man jedoch mit der Eingangsfrage nicht unbedingt weiter gekommen.

Die Sterne mit den Augen suchen – schön und gut. Warum aber das Gesehene aufschreiben? Genauer: Warum nicht nur schriftlich fixieren und ein kurz angebundenes, tabellarisches Berichtswesen betreiben, sondern anderen davon *erzählen*?

Die Frage lässt sich mit Sicherheit kaum durch den pauschalen Verweis auf die besondere Spezies des Berichtenden, sondern vielmehr mit dem Hinweis auf die spezielle Form seines Berichtes klären. Insofern ist sie folgendermaßen zu formulieren: Was leistet gerade das *Wiedererzählen* erlebter Sternennächte, wo der bloße Blick oder eine kurze Notiz nicht ausreichen?

Die Antwort scheint mir zu sein, dass Erzählen das Fremde mit dem Bekannten verbindet und beidem einen gemeinsamen Kontext bietet. Denn Erzählen bedeutet für den, der erzählt und den, der die Erzählung aufnimmt, Verknüpfungen herzustellen. Es bedeutet, die Dinge einzuflechten in ein Netz aus Beziehungen und Verweisen, egal, ob diese Dinge tatsächlich (faktisch) existieren oder ob sie erfunden (fiktional) sind. Daraus entsteht so etwas wie Bedeutung und Sinn. Hier heißt das: Der Mensch kann durch Erzählungen die in der Natur gemachten Beobachtungen mit seinen bisherigen Erfahrungen – mehr oder weniger – sinnvoll verknüpfen und daraus Konsequenzen für sein zukünftiges Verhalten ableiten. Diese intellektuelle Operation hat ihm in seiner Vergangenheit wichtige Vorteile verschafft, zum Beispiel bei der Suche nach Nahrung oder nach einer schützenden Unterkunft (Wetter). Nach dem richtigen Weg (Navigation) oder bei einer zu treffenden Entscheidung (Prognostik). Sieht man also genau hin, dann liegt das spezifisch Menschliche bei der Betrachtung des Himmels nicht so sehr in der ovidschen Exklusivität des Betrachtungsaktes. Es liegt vielmehr in seiner sinnstiftenden An- oder Rückbindung an das Wirken auf der Erde – ein Prozess, in dessen Verlauf der Mensch aus einem Natur- einen Kulturraum formt. Und hier leistet ihm eben das Erzählen gute Dienste.[2]

Ein Beispiel, wie diese erzählende Einbeziehung funktioniert, findet sich in Alexander von Humboldts *Ansichten der Natur*. Dort berichtet der Naturforscher und Völkerkundler vom Wechsel der Jahreszeiten in den Steppenregionen Südamerikas anhand der sich dabei wandelnden „Ansichten" des Firmaments. Humboldt verknüpft Erd- und Wetterkunde mit astronomischem Himmelsblick und zeigt so, wie eine Rückbindung der Sternenschau aussehen kann. Denn der Blick zum Himmel wird bestimmt durch die atmosphärischen Bedingungen auf der Erde:

> *Tritt endlich nach langer Dürre die wohlthätige Regenzeit ein, so verändert sich plötzlich die Scene in der Steppe. Das tiefe Blau des bis dahin nie bewölkten Himmels wird lichter. Kaum erkennt man bei Nacht den schwarzen Raum im Sternbild des südlichen Kreuzes. Der sanfte phosphorartige Schimmer der Magellanischen Wolken verlischt. Selbst die scheitelrechten Gestirne des Adlers und des Schlangenträgers leuchten mit zitterndem, minder planetarischem Lichte. Wie ein entlegenes Gebirge, erscheint einzelnes Gewölk im Süden, senkrecht aufsteigend am Horizonte. Nebelartig breiten allmählich die vermehrten Dünste sich über den Zenith aus. Den belebenden Regen verkündigt der ferne Donner.*[3]

Gerade das Aufeinandertreffen mit dem welthin Unbekannten oder sogar gänzlich Neuen verlangt nach einer Technik der Bedeutungszuweisung. Ein oft ungewohnter, zuweilen fremder, ja manchmal beängstigender Himmelsanblick fordert regelrecht eine Nacherzählung. Sie seziert diese Konfrontation zugleich, sie schafft Ordnung und deutet sie damit. Indem sie ausschmückt, betont, herausstellt und vergleicht, bindet sie die Sterne als Erlebnis ein in den Ablauf und die Hintergründe der eigentlichen Reise, deren Sinn und Zweck ja in der Regel ein anderer ist als die praktische Astronomie. ‚Einbinden' heißt, das schwer Erklärbare zu erklären, im Fremden das Vertraute zu erkennen und dem Beängstigenden das Angsteinflößende zu nehmen. Wenn man so will, wird der Sternenhimmel in Reiseberichten narrativ entschärft. Schauen wir uns am Beispiel eines recht abenteuerlichen Berichtes an, welche Entschärfungsstrategien im Einzelnen bereitstehen.

Die Idee klingt selbst heute noch tollkühn: Sechs Männer sollten sich auf einigen zusammengebundenen Baumstämmen, und nur durch eine Hütte aus Bananenblättern vor den Kapriolen des Wetters geschützt, über viele Wochen hinweg auf engstem Raum zusammendrängen. Dabei sollten sie sich ohne nennenswerten Einfluss auf ihren Kurs von Wind und Strömung einmal quer über den größten Ozean der Welt treiben lassen.

Doch wie es sich so oft mit vermeintlich schlechten Ideen verhält – am Ende wurde daraus ein großer Erfolg und niemand stellte dem Ideengeber mehr die Frage, ob er noch alle Tassen im Schrank hätte. Doch als Thor Heyerdahl und mit ihm fünf weitere junge Norweger Ende April 1947 mit ihrem selbst gebauten Floß Kon-Tiki von der Küste Chiles aus in See stechen, ist ein glückliches Ende des Experiments keineswegs abzusehen. Nur das erklärte Ziel des waghalsigen Unternehmens steht fest: Irgendwo weit im Westen auf der anderen Seite des Pazifiks wollen die Männer wieder festes Land unter die Füße bekommen. Falls dies gelingt, wollen sie damit beweisen, was bis dato nicht mehr als reine Theorie ist: Dass die pazifische Inselwelt schon vor Jahrtausenden von Südamerika aus entdeckt und besiedelt worden war und dass daran ‚primitive' nautische Fahrzeuge und eine rudimentäre Navigationstechnik entscheidenden Anteil hatten.[4]

Die Expedition soll bis aufs kleinste Detail so authentisch wie möglich sein, denn nur so kann der Nachweis historisch korrekt erbracht werden. Dazu lässt Heyerdahl sich nicht lumpen: Im ecuadorianischen Urwald suchen er und seine Männer zuerst nach geeigneten Baumstämmen aus Balsa, einer wasserwiderständigen und schwimmfähigen Holzart. Schon die Inkas verwendeten diese Bäume zum Floßbau. Neben den mächtigen Stämmen, die den Rumpf des Floßes bilden, kommen ausnahmslos Materialen zum Einsatz, die in Südamerika bereits vor der Ankunft der Europäer beim Bootsbau verwendet worden waren, darunter Bambus, Seile aus Hanf und Bananenstauden.

Nach sorgfältigen Vorbereitungen sticht die Kon-Tiki in See, und bald nach dem Ablegen wird das Floß vom Humboldtstrom erfasst und langsam aber unaufhaltsam immer weiter, zunächst nach Norden, dann Richtung Westen, auf das offene Meer hinaus getrieben. Hinter den sich höher und höher auftürmenden Wellenkämmen verschwindet am Horizont schließlich das letzte Stück Land aus den Augen. Fortan ist die Mannschaft mit sich und dem Ozean alleine. Nachdem man nach einigen Wochen das Floß und das Meer besser kennen gelernt hat, stellt sich Routine ein. Tagsüber fangen die Männer Fische, man bereitet die Malzeiten zu, klettert in den Ausguck. Wenigstens ein Mann hält das Ruder besetzt und lässt das Baumaterial, von dem man immer noch nicht so ganz weiß, wie es die lange Zeit im Salzwasser verträgt, nicht aus den Augen. Kurz: Man kommt den üblichen Tätigkeiten während einer langen Seereise auf ein paar schwimmenden Baumstämmen nach. Auch lernen die Männer mit der Zeit, wie sie ihre Fahrtrichtung doch ein wenig beeinflussen können. Dies gelingt am besten, indem unter den Boden des Floßes reichende Steckschwerter umgesetzt werden. Die mitgeführten Instrumente Kompass und Sextant werden mit dieser Entdeckung noch wichtiger. Nachts wird der Himmel zur Navigation genutzt:

> *Es war unglaublich leicht, den Kurs nach den Sternen zu nehmen, nachdem wir sie erst einmal einige Wochen hindurch über das Himmelsgewölbe kreisen gesehen hatten. Es gab ja überhaupt kaum anderes, das wir in der Nacht betrachten konnten.*[5]

Nicht viel Phantasie gehört dazu, sich vorzustellen, wie Seefahrer und Reisende seit unvordenklichen Zeiten zur Positions- und Richtungsbestimmung die Sterne zu Hilfe nehmen. Die Orientierung auf der Erde bedurfte stets eines fernen Bezugspunktes, einer unirdischen Sphäre. Die Planeten – oder Wandelsterne – wurden etwa schon früh mit der Aufgabe bedacht, Auskunft zu geben über das zukünftige Geschick der Herrscher und Völker. Die Fixsterne, die aufgrund ihrer festen Position verlässlicher erschienen, dienten demgegenüber dazu, den Aufenthaltsort im Hier und Jetzt zu bestimmen oder den richtigen Weg nach einem konkreten Dort zu weisen.

Um sich aber dergestalt in der eigenen Zukunft oder in der geografischen Gegenwart zurechtfinden zu können, musste zunächst der Himmel selbst verlässlich vermessen und mussten himmlische Zeichen erst verstanden werden. Sterne wurden dazu zu Mustern und Bildern zusammengefasst, auffällige Erscheinungen wie die Milchstraße, in ihr eingebettete Dunkelwolken oder die Magellanschen Wolken – helle Begleitgalaxien unserer Galaxis – wurden mit Namen, Geschichten und Funktionen versehen. Die australischen Aborigines beispielsweise sprachen über die auffällige Dunkelwolke im Kreuz des Südens, oben war von ihr als „schwarzer Raum" schon im Zitat Humboldts zu lesen, als vom Kopf eines Vogels, der vor der Milchstraße herumspaziert – lange bevor, vielleicht von australischen Bergarbeitern, der Ausdruck Kohlensack für dieses auffällige Gebilde geprägt wurde.

Menschen vermessen also nicht nur den Himmel, sie erzählen sich im gleichen Atemzug von ihm und reden über das, was sie nachts dort oben sehen, nicht zuletzt, weil „es […] ja [lange Zeit] überhaupt kaum anderes [gab], das wir in der Nacht betrachten konnten". Ein dergestalt provoziertes Reden über den Sternenhimmel, ein erzählendes Sich-Vergegenwärtigen und Weitergeben dieses Phänomens über unserer Köpfen kann letztlich kaum eine andere Funktion haben, als sich das anzueignen, was ersichtlich nicht erreichbar ist und über dessen Natur die längste Zeit in der Geschichte keine verlässliche Kunde eingeholt werden konnte. Die Sterne zur Orientierung, als bedeutsame Punkte in Bildern oder als Handlungsträger in Geschichten heranzuziehen bedeutete im Gleichzug, sie sich durch kulturell etablierte Verfahren und Prozesse zu erklären, sie sich begreiflich zu machen, sie verstehen zu lernen und sie – und damit sich in Relation zu ihnen – einordnen zu können. Es geht um eine beruhigende Erklärung dessen, was schwer oder unerklärlich ist und dadurch irritiert, und was selbst (oder gerade) dann, wenn ich um seinen Charakter weiß, ängstigt (vgl. das Kapitel *Schauen und schaudern*).

Offen ist jedoch noch, wie dazu in den Reiseberichten vorgegangen wird. Daher noch einmal auf die Kon-Tiki:

> *Draußen auf dem Meer kam es oft vor, daß Wind und Strömung mehrere Tage hindurch völlig konstant blieben. Abgesehen von den Nächten, in denen der Steuerposten allein an Deck war, vergaßen wir da oft ganz, wer gerade Steuerwache hatte. Denn das Steuerruder wurde festgebunden, wenn das Wetter so beständig war, und das Segel der ‚Kon-Tiki' straffte sich im stetigen Wind, ohne unsere Aufmerksamkeit zu brauchen. Da konnte dann auch die Nachtwache in aller Ruhe an der Hüttenöffnung sitzen und nach den Sternen gucken. Wechselten die Sternbilder am Himmel ihren Platz, so war es an der Zeit, aufzustehen und nachzusehen, ob der Wind oder das Steuerruder sich gedreht hatten. […] Die alten Polynesier waren große Seefahrer. Sie steuerten am Tag nach der Sonne und in der Nacht nach den Sternen. Ihre astronomischen Kenntnisse waren verblüffend. […] Ein guter Steuermann im alten Polynesien wußte ganz genau, wo die einzelnen Sterne am Himmel heraufkommen und wo sie zu verschiedenen Zeiten des Jahres stehen würden. Er wußte auch,*

> *welche Sternbilder über den einzelnen Inseln kulminierten. Es kam auch vor, daß eine Insel denselben Namen hatte wie der Stern, der über ihr stand, Nacht um Nacht, Jahr um Jahr.*[6]

Hier wird Geschichte bemüht. Geschickt stellt sich Heyerdahl in diesen Zeilen in die Tradition der polynesischen Sternnavigation: ‚Seht her, wir haben es eigentlich nicht anders gemacht als diejenigen, in deren Kielwasser wir segeln. Über uns die ewigen Sterne, hier unten wir – eine Handvoll mutiger Kerle, die von ihrem Floß aus das Lichterspiel dort oben genau verfolgen und zu lesen wissen.' Wenn der Bericht dieses Band knüpft, schlägt er über die Jahrhunderte die Brücke vom Heute zum Gestern, vom weißen Europäer zum dunkelhäutigen Polynesier. Der fremdartige Anblick unbekannter Sterne in den dunklen Weiten des Südpazifiks wird über diese herbeierzählte Abstammungslinie fassbar. Die Sterne werden zu einem wichtigen Versatzstück der nautischen Tradition der Polynesier erklärt, an der auch die Mannschaft der Kon-Tiki teilhat, ja die sie mit ihrer Expedition gewissermaßen fortschreibt. Der Erzähler sichert sich dadurch doppelt ab und verschränkt auf diese Weise beide Bereiche: Er setzt sich in einen *Kultur*kreis ein, indem er dessen Tradition mit der Unternehmung fortzusetzen beansprucht. Den Himmel be-greift er, indem er auf ihn als *Natur*raum eben die *Kultur*technik anwendet, die bereits die Polynesier kannten und praktizierten.

Ganz ähnlich wie in diesem Beispiel verfahren im Übrigen zwei andere berühmte Floßreisende in der Literatur. Allerdings helfen sie sich angesichts der Sternenpracht nicht mit der Geschichte im Singular aus, sondern gleich mit einer ganzen Reihe von Geschichten, mit der sie sich das Himmelsschauspiel erklären. Bei Huckleberry Finn und seinem Freund, dem schwarzen Sklaven Jim, geht es während ihrer Fahrt den Mississippi hinunter denn auch nicht so sehr um eine groß angelegte historische Entschärfungsoperation am Himmel, als vielmehr um eine Vergewisserung, die sich aus dem unmittelbaren gegenseitigen Erzählen speist: Der Akt des Geschichtenerzählens über die Sterne selbst wird hier bedeutsam.[7] Rücklings auf ihrem selbstgebauten Floß liegend philosophieren die zwei Ausreißer über deren Entstehung. Jim vertritt die These, dass der Mond die Sterne, ähnlich einer Henne, gelegt habe. Ein kosmisches Modell, das schließlich auch Huck zu überzeugen scheint, der zunächst noch die Position vertritt, es würde zu lange dauern, so viele Sterne zu machen, weshalb sie seiner Meinung nach schlicht ‚passiert' seien. Mit diesen und ähnlichen Gedanken treiben sie den großen Strom hinab und machen sich damit gleichzeitig aus dem Staub, den die Zivilisation hinter ihnen aufgewirbelt hat. Doch wenn sie dabei ihre Geschichten den in die dunkle Nacht fallenden Sternschnuppen entgegenschleudern, zeigen auch sie eine Verbundenheit zu ebendieser Zivilisation, der sie den Rücken gekehrt haben. Denn sich Geschichten auszudenken und sie nach immer denselben Mustern erzählen, das ist gelernt, das ist eine Errungenschaft, die nicht von ungefähr kommt.

So auch bei Patrick Leigh Fermor, der auf seiner Reise durch halb Europa von einem ähnlichen, ‚geschichtenträchtigen' Moment berichtet. Er ist mit Empfehlungsschreiben von Schloss zu Schloss unterwegs, was dem jungen Engländer eine moderne Variante der adeligen Kavalierstour ermöglicht und den einen oder anderen Abend in gebildeter Gesellschaft mit sich bringt. Geistvolle Gespräche und guter Wein gehören in diesen Kreisen zusammen, und in einer lauen Sommernacht geben der Alkohol, die helle Milchstraße und die vielen Sternschnuppen dem Vagabunden und seinem Gegenüber Anlass zur Spekulation und befeuern die Phantasie. Ausgehend von der Mythologie der Sternbilder, in der der Philosoph Hans Blumenberg eine bis heute unterschätzte kulturelle „Urleistung" sieht,[8] entspinnen sich eigene Geschichten und Thesen. Ein klein wenig augenzwinkernd wird eine Theorie über die mythologische Natur der Sternschnuppen entwickelt.[9] Dem Leser dieser Seiten treten Fermors Sternerlebnisse dadurch als ein kunstreich geflochtenes Netz außerliterarischer Ereignisse (der tatsächlichen Reise) und literarisch geformter Erfahrungen (die Lektüre antiker Texte, aus der sich seine Sternerzählungen speisen) gegenüber.

Nicht immer greifen Autoren auf die geschichtliche Tradition zurück oder geraten angesichts der Sterne selbst ins Fabulieren. Die Aneignung oder Entschärfung eines zunächst irritierenden Anblicks, den ein ungewohnt gestirnter Himmel bieten kann, funktioniert auf Reisen auch dann gut, wenn die Reisenden diese über eine unmittelbare Bezugnahme zum bereisten Land konstruieren können.

Der deutsche Astronom Cuno Hoffmeister hat das so gemacht. Mitte des vergangenen Jahrhunderts war er mehrfach in Namibia unterwegs, um dort die idealen klimatischen Bedingungen zu systematischen Himmels-Beobachtungen zu nutzen. In den klaren afrikanischen Nächten hat sich der Wissenschaftler den Sternenhimmel dort nicht nur fachlich angeeignet. Sein zusammenfassender Bericht *Sterne über der Steppe* enthält darüber hinaus einige reflektierende, ja einfühlsame Gedichte über das Erlebte.[10] Der Bericht liest sich ferner über weite Teile wie eine Hymne an das Land und seinen Himmel, und die Paarung Land–All durchzieht Hoffmeisters Erzählungen wie ein roter Faden. Beides, der prachtvolle Sternenhimmel und die karge Steppenlandschaft, gehören für Cuno Hoffmeister untrennbar zusammen. Tief ins Gedächtnis hat sich für ihn „jener unvergeßliche Zweiklang: das lichtlose Land, das leuchtende All" eingebrannt.[11] Die Sterne sind für ihn gerade dadurch besonders eindrücklich, dass sie sich als wichtiger Teil der namibischen Landschaft vergegenwärtigen lassen.

Fassen wir zusammen: Sternbeobachtung als Fortführung einer historischen Praxis zu erzählen, das verschafft dem Erzähler der

Kon-Tiki offenbar Beruhigung und Sicherheit. Viele Geschichten bringen die Sterne, auch die fallenden, Mark Twains Huck Finn nahe und auch bei Patrick Leigh Fermor führt das Erzählen den Betrachter mit dem betrachteten Schauspiel zusammen. Mit der Erzählung von Land und Landschaft zieht Cuno Hoffmeister den Himmel auf die Erde herab.

Als ein weiteres vermittelndes Element zwischen Sternenhimmel und dem Treiben hier unten treten in den Berichten zuweilen auch die Menschen auf, die in der Nacherzählung der Reiseerlebnisse zu charakterstarken Figuren werden können. Humorvoll führt dies der Münchner Alpenreisende Ludwig Steub um die Mitte des 19. Jahrhunderts vor. Mit spitzer Feder verfasst er kleine Feuilletons über seine Wanderungen und die dabei gemachten Begegnungen mit Einheimischen und Zugereisten, und in einer setzt er die Sterne als Fluchtpunkte seinem reisenden Ich direkt vor die Nase. In dem Stück „Am Tegernsee" fungieren als treibende Kraft im Rücken Touristen und Sommerfrischler aus der Stadt. Ihnen sucht der Erzähler verzweifelt zu entkommen, denn zu seinem Missmut haben sie ihre lärmenden Gesänge in die Berge mitgebracht. Steubs Erzähler flüchtet hinauf in die Einsamkeit der Berge, über denen, gleichsam wieder als Bürgen und Antipoden einer unberührten Natur, wie eh und je die Sterne funkeln.[12]

Manche Reisende ‚vermessen' die Sterne, so ließe sich resümieren, ohne es überhaupt zu wissen, indem sie sie in ihren Reiseberichten als Literatur reproduzieren. Erzählend ordnen sie die Sterne ein in ganz irdische, ja letztlich doch wieder alltägliche Ordnungssysteme, die auch den Lesern nicht unbekannt sind: Sterne treten auf als zugehörig zu ganz bestimmten, exotischen Landstrichen, als ‚Landmarken' wenn man so will; sie werden zu ‚Leitsternen' einer zivilisationsfernen Bergnatur erklärt und dienen darin dem Misanthropen als Wegweiser; sie werden in ihrem Anblick und in ihrer Funktion als etwas Geschichtliches erkannt und als etwas in Geschichten Überliefertes verstanden.

Manche aber, das sollte an dieser Stelle noch erwähnt werden, wissen gerade nicht, den Himmel zu vermessen. Das kann man, ein weiterer Ausflug in die erzählende Weltliteratur, in Adalbert Stifters *Bergkristall* nachlesen: Die beiden Geschwisterkinder Konrad und Sanna haben sich während eines nächtlichen Schneesturms in den Bergen verirrt. Ratlos und dem Erfrieren nahe blicken sie nun in das Sternenzelt, dessen langsame Veränderung sie nicht erkennen und folglich die vorrückende Zeit nicht abzulesen wissen. Helfen kann da nur noch der heiße Kaffee der Großmutter, der die beiden denn auch glücklich durch die Nacht bringt.[13]

Der Bedarf an Orientierung ist im Anblick der Sterne immer groß. Bevor man sich mittels ihrer hier unten auf der Erde zurechtfinden kann, muss man *zuerst* etwas hinauf projizieren. Neben Zahlen, Linien und Mustern taugen dazu vorzüglich Geschichten und deren Versatzstücke: Figuren, die dem Reisenden auf die Pelle rücken, oder man findet die Landschaft im Himmel gespiegelt und umgekehrt. Für die Autoren ist damit in der Regel der weitere Weg bereitet, sie können unter den Sternen hinwegreisen, und dank dieser Technik nicht nur einen geographischen Raum, sondern auch einen Zeitraum, die Nacht, heil durchqueren.

Es gibt aber auch Reiseberichte, die gerade hier innehalten, die einen Stillstand, ein Sich-Einrichten in der sternenüberwölbten Dunkelheit beschreiben. Um solche Texte soll es im folgenden Kapitel gehen.

Anmerkungen

1 Vgl. Ovid: *Metamorphosen. Aus dem Lateinischen von Erich Rösch.* München: Deutscher Taschenbuch Verlag 1997 (ca. 10 n. Chr.); S. 29 (I, 84-87).

2 Als exemplarische Position in der Erzählforschung sei hier ein ‚filmischer' Vertreter aufgeführt (was nur zeigt, wie übergreifend diese Technik Anwendung findet): David Bordwell: *Narration in the Fiction Film.* London: Routledge 1986; S. 49.

Für mythologische Erzählungen, die sich auf den Sternenhimmel beziehen, gilt diese Funktion des Erzählens sozusagen als gesetzt, vgl. etwa E. C. Krupp: *Sky Tales and why we tell them.* In: Helaine Selin/ Sun Xiaochun (Hgg.): Astronomy across Cultures. The History of Non-Western Astronomy. Dordrecht, Boston und London: Kluwer Academic Publishers 2000; S. 1–30.

3 Alexander von Humboldt: *Ansichten der Natur.* Frankfurt am Main: Eichborn 2004 (1807); S. 31.

4 Die Theorie einer Kolonisierung Polynesiens von Südamerika aus wurde inzwischen unter anderem durch genetische Untersuchungen widerlegt. Man geht von einer Besiedlung über Asien aus. Vgl. Dirk Liesemer: *Das Abenteuer der ‚Kon-Tiki'.* In: GEO kompakt Nr. 22: Abenteuer Expedition. Hamburg: Gruner + Jahr 2010; S. 110f.

5 Thor Heyerdahl: *Kon-Tiki. Ein Floß treibt über den Pazifik.* Frankfurt am Main: Ullstein 1994 (1949); S. 162f.

6 Heyerdahl, *Kon-Tiki*, S. 162f.

7 Vgl. Mark Twain: *The Adventures of Huckleberry Finn.* London: Penguin Books 1994 (1885); S. 120f.

8 Hans Blumenberg: *Die Vollzähligkeit der Sterne.* Frankfurt am Main: Suhrkamp 2000; S. 29.

9 Vgl. Patrick Leigh Fermor: *Zwischen Wäldern und Wasser. Zu Fuß nach Konstantinopel: Von der mittleren Donau bis zum Eisernen Tor. Der Reise zweiter Teil.* Frankfurt am Main: Fischer 2008 (1986); S. 185f.

10 Vgl. Cuno Hoffmeister: *Sterne über der Steppe. Das Bild eines Landes – Südwestafrika.* Leipzig: VEB F.A. Brockhaus ^{2}1955.

11 Ebd., S. 151.

12 Vgl. Ludwig Steub: *Alpenreisen.* Hrsg. von Ludwig Merkle. München: Ernst Heimeran Verlag (Büchergilde Gutenberg) 1978 (1846–1880); S. 35f.

13 Vgl. Adalbert Stifter: *Bunte Steine. Erzählungen.* Philipp Reclam: Ditzingen 1994; S. 214.

Nächte unter freiem Himmel eröffnen neue Perspektiven und bieten Gelegenheit zur Reflexion des eigenen Blickwinkels. Das Foto zeigt Strichspuren um den nördlichen Himmelspol.

Übernachtungen

Mit reisenden Autoren unterm Sternenzelt

No one knows the stars who has not slept,
as the French happily put it, à la belle étoile.
Robert Louis Stevenson

Jeder, der einmal, zumal in reiferen Jahren, beim Campieren in freier Natur versucht hat, in Seitenlage den Schlaf zu finden, weiß von einer Erfahrung zu berichten, auf die man ohne Weiteres verzichten kann, ist doch ohne eine ausreichende Unterpolsterung dieses Unterfangen nahezu unmöglich. Versetzt man sich zumindest gedanklich in diese Situation, stellt man fest: Schon sehr bald läge man, gezwungenermaßen, wieder auf dem Rücken – die ewigen Lichter der Nacht nun vor Augen.

Übernachten unterm Sternenzelt: Diese Vorstellung gehört zunächst zu einem relativ stabilen, im weitesten Sinn wohl romantisch zu nennenden Bestand an Erwartungen, die reisende Autoren an ihre Unternehmungen stellen. Beispiele hierfür finden sich in Klassikern der Gattung Reisebericht, etwa in *Die Zeit der Gaben* von Patrick Leigh Fermor, der auf einem Rheindampfer südwärts fahrend die „wunderschöne, sternklare Nacht" in seinem Schlafsack von Deck aus bewundern zu können hofft.[1] Nicht selten tritt der erwartete Sternenhimmel als feste Eigenschaft auf, die dem angesteuerten Reiseziel selbst angeheftet wird, so beispielsweise im Buch zur TV-Serie *Long Way Down. Von Schottland nach Kapstadt* von Ewan McGregor, Charley Boorman und

Jeff Gulvin. Hier ist er Bestandteil des Afrikaklischees und der Schwarze Kontinent lockt die Motorradreisenden eben auch mit der Erwartung von Zeltnächten unterm „weiten Sternenhimmel".[2]

Vorfreude ist ja bekanntlich die schönste Freude, gerade beim Reisen. Die Autoren, darunter Charles Darwin, Adelbert von Chamisso oder der rastlose Patrick Leigh Fermor, berichten aber über die freudige Erwartung hinaus auch von der gelungenen Einlösung sternengekrönter Nächte in der Fremde. In solchen Übernachtungspassagen lassen ihre Texte die unterm Sternenzelt verbrachten Stunden zumeist als denkwürdige, bewusst erlebte und reflektierte Zeit vor das innere Auge des Lesers treten. Gehen wir aber vor einer genauen Lektüre solcher Stellen zunächst einen Schritt zurück.

Wie unser Kulturkreis die Praxis des ‚Übernachtens unter freiem Himmel' bewertet, ist für den Blick auf ihre weitere Verarbeitung in Reiseberichten sehr interessant. In der frühen Neuzeit, also in den Jahrhunderten vor dem Aufkommen des Gaslichts und später der elektrischen Beleuchtung, bildete der Aufenthalt außerhalb des Hauses zur Nachtzeit – vom Reisen ganz zu schweigen – wohl eher die Ausnahme: „Nur in äußerster Not", so der Historiker A. Roger Ekirch, „übernachtete man in der freien Natur."[3] Auch wenn es durch die ständige Zunahme des Kunstlichts hier erhebliche Veränderungen gegeben hat, gilt bis heute, dass wir in der Regel die Nacht wohlgebettet *unter etwas* verbringen. Wir suchen während des Schlafes Schutz unter einem Dach, zumeist noch unter einer Decke. Die nächtliche Selbstabschirmung äußert sich bei vielen Menschen darüber hinaus darin, dass sie eine fötusähnliche, in sich gekehrte Schlafstellung bevorzugen.

Diese in allen Kulturen vorhandenen und vielleicht sogar evolutionsbiologisch angelegten Rückzugs- und Sicherungsmaßnahmen des Einzelnen haben einen guten Grund. Der ruhende Körper muss während der Nacht ohne den Verstand und die sonst ständig wachen Sinne, die uns vor Gefahren warnen könnten, auskommen. Seine physische Kraft ist für Stunden nicht abrufbar, Atmung und Kreislauf gehorchen anderen Regeln als in der Wachphase und so kühlt unser Körper beispielsweise viel schneller aus als unter den ständigen Bewegungen des Tages.

Die Defizite bei Wahrnehmung und Erkennen sowie in der Physis – und die sich daraus potenziell ergebenden Gefahren – werden nun, zumindest teilweise, kompensiert durch die Wahl einer besonderen Örtlichkeit für die Nachtruhe, durch schützende Materialien und Schlaftechniken, die dem Schläfer eine sichere *Um-* beziehungsweise eine *Ein*wölbung seines Körpers erlauben (durch Dach, Wände und Bettdecke, die angezogenen Knie etc.). Ausgeschlossen wird dadurch die *Über*wölbung in ihrer fundamentalsten Art: durch das Himmelszelt. Das unendliche, unabmessbare und daher auch ob eventueller Gefahren kaum abzuschätzende Dunkel der äußeren Welt ersetzt der schlafende Mensch durch das Dunkel seiner Behausung, das gegenüber ersterem den Vorteil der Endlichkeit genießt – und damit ein klein wenig einschätzbarer und verlässlicher wird. Dieser Verlässlichkeit ist freilich nie ganz zu trauen – ein Umstand beziehungsweise eine psychische Veranlagung des Menschen, aus dem das Horrorgenre in der Kunst bis heute Kapital schlägt, ist doch der künstlerisch ausgestaltete Schrecken dunkler Räume kaum weniger imaginativ als derjenige der äußeren Welt.

Schlafen unter einem (festen) Dach – diese Praxis ist in unserer sesshaften Kultur derart normativ aufgeladen, dass wir Abweichungen davon entweder nur als defizitär (z. B. Obdachlosigkeit) oder als vorübergehend und motiviert (z. B. Campingausflug) begreifen können. Man *nächtigt* dann, *verbringt* die Nacht, *über*nachtet – während die Menschen zuhause in ihren Häusern und Wohnungen weiterhin *schlafen.* Diese verbreitete Wortwahl deutet schon an, dass mit dem Übernachten unter freiem Himmel die Erfahrung einer fundamentalen Andersartigkeit einhergeht, dass sich hierbei schnell ein durchdringendes

Fremdheitsgefühl einstellt, dem sich der Schläfer in einer solchen, je nach Lage aufgezwungenen oder freiwilligen Sondersituation ausgesetzt sieht.

Einer derartigen Fremdheitserfahrung stellt sich im Jahr 1878 der bis dato noch relativ unbekannte schottische Literat Robert Louis Stevenson auf einer Reise durch die französischen Cevennen. Begleitet wird er dabei einzig von einer oft störrischen Eselin, die ihn offenbar gehörig Energie und vor allem Geduld kostet, folgt man seinem Reisetagebuch und den auf dessen Grundlage entstandenen *Travels with a Donkey in the Cévennes.*

Meistens findet der junge Individualtourist unterwegs eine feste Bleibe für die Nacht. Mal ist es ein Kloster, mal nur eine einfache Herberge, die ihm Schutz gewährt und ihn nach langen Stunden auf einsamen Pfaden wieder in menschliche Gesellschaft bringt. Doch die Nächte unter einem schirmenden Dach wollen ihm nicht so recht in sein neues Vagabundenleben passen, das er nun von Tag zu Tag mit zunehmendem Vergnügen führt. Und so konstatiert er:

> *Night is a dead monotonous period under a roof; but in the open world it passes lightly, with its stars and dews and perfumes, and the hours are marked by changes in the face of Nature. What seems a kind of temporal death to people choked between walls and curtains, is only a light and living slumber to the man who sleeps afield. All night long he can hear Nature breathing deeply and freely; even as she takes her rest she turns and smiles; […].*[4]

Stevensons Standpunkt, dass die Nacht und der Schlaf nur im Innern unserer Häuser dem Tode ähneln, während draußen – trotz Dunkelheit und Kälte – die Natur, auch wenn sie zur Ruhe gekommen ist, weiterhin präsent ist, dass sich selbst den nur halbwachen Sinnen des dort kaum jemals tief Schlafenden – Patrick Leigh Fermor wird viele Jahre später Ähnliches berichten können – nach wie vor eine lebendige, dabei keineswegs nur bedrohliche Welt bietet: Das alles stellt die kulturell vorherrschende Bewertung der Nacht auf den Kopf. Zu dieser Einsicht haben den Autor während seiner Wanderung einige wenige Nächte in freier Natur gebracht. Darunter waren durchaus nicht alle von Anfang an eingeplant, und der Revolver lag, schenkt man dem reisenden Dichter Glauben, stets griffbereit neben dem provisorischen Kopfkissen des schlummernden Wanderers. Auch schwingt wieder vieles, was über diese intellektuelle Einsicht in die Qualitäten solcher, dem modernen Menschen fremdartig erscheinender Nächte hinausgeht und worüber in den letzten Kapiteln bereits zu lesen war, in diesen Zeilen mit: die sternengekrönte Dunkelheit als Ereignis für alle Sinne; der Genussaspekt dieses Erlebnisses; und nicht zuletzt seine Einordnung in ein System, das trotz aller Fremdheit, trotz allem tief empfundenen Erstaunen Rückversicherung, Orientierung, sogar Geborgenheit erlaubt – an dieser Stelle durch eine pantheistisch belebte Natur.

Folgt man der dramaturgischen Logik von Stevensons Reisebericht, dann wurde diese reflektierende Passage motiviert durch eine Nacht „among the Pines", der der Autor ein eigenständiges Kapitel widmet. Neben grundsätzlichen, fast philosophischen Reflexionen über die Nacht gibt der Erzähler darin auch genaue Beobachtungen des Sternenhimmels wieder:

> *The stars were clear, coloured, and jewel-like, but not frosty. A faint silvery vapour stood for the Milky Way. All around me the black fir-points stood upright and stock-still. […] I lay lazily smoking and studying the colour of the sky, as we call the void of space, from where it showed a reddish grey behind the pines to where it showed a glossy blue-black between the stars.*[5]

Als exakte empirische Beobachtung („studying") ist die Schilderung in der Tat sehr genau. So bemerkt Stevensons Erzähler die tatsächliche farbliche Varianz eines dunklen Nachthimmels, der nur in seltenen Nächten und an ganz wenigen Orten der Welt wirklich schwarz ist. Dort jedenfalls, wo Stevenson sein Lager aufgeschlagen hatte, heben sich die Bäume als dunklere Umrisse vor dem „reddish grey" dahinter ab. Weiter oben, Richtung Zenit („between the stars"), erscheint dem Erzähler der Himmel dagegen deutlich dunkler („blue-black"). Diese Beobachtung basiert auf einem optisch-physikalischen Effekt, der sich aus der abnehmenden Dichte der Atmosphäre und der sich dadurch verringernden Lichtstreuung mit zunehmender Entfernung vom Horizont erklärt.

Stevenson könnte mit seinen philosophischen Reflexionen einerseits und den genauen Naturbeobachtungen andererseits für viele Reisende stehen, die Ähnliches erlebt haben. Der unter freiem Himmel Übernachtende nimmt die Vorgänge um ihn herum in der Regel sehr genau wahr – zumindest so lange, bis ihn der Schlummer übermannt. Die Umgebung lässt ihn aber auch leichter zu einer Neubewertung seiner allgemeinen Situation kommen, im Zuge dessen er sich vielleicht die Frage stellt: Wo komme ich eigentlich her, wo gehöre ich hin? Neue Fragen mit nicht selten neuen Antworten – etwa darauf, ob tatsächlich nur die eigenen vier Wände ideelle und physische Geborgenheit bieten können. „Ich hockte vor meinem Zelt und rauchte die Pfeife. Ich saß nackt unter dem strahlenden, warmen Tuch der tiefen Nacht über den großen Wäldern […]", berichtet der Schriftsteller Herbert Rittlinger von seiner Reise durch den südamerikanischen Regenwald in seinem Buch *Ganz allein zum Amazonas*.[6] Zu diesem Gefühl stellarer Geborgenheit trägt wesentlich bei, dass die Sterne in ihrer örtlichen und zeitlichen Konstanz dem Reisenden zuverlässige Begleiter auf seinen Wegen sind. Noch einmal Rittlinger: „Es gab keinen Mond am Himmel in dieser Nacht, aber die Sterne funkelten unentwegt wild und klar."[7]

Die Verlässlichkeit, die der Reisende aus diesem ‚Unentwegten' für sich ableiten kann, hat Patrick Leigh Fermor in ein prägnantes Bild gefasst. Einmal, früh am Morgen, es ist noch stockdunkel, bricht der Vagabund von seiner Herberge auf. In einem Lastwagen geht es über eine abenteuerliche Straße entlang eines Flusses, der Weg schlängelt sich durch wilde und zerklüftete Berglandschaften, die kaum den Blick auf den Himmel freigeben. Dann, mit einem Mal, „wölbte sich [der Himmel, B. R.] unversehens wie eine Sternkarte über unseren Häuptern […]."[8] Fermor entwirft hier mit wenigen Worten das Bild eines deckenden Überwurfs und eines zugleich Orientierung verbürgenden Mediums. Damit legt er nahe, dass Sternennächte dem Reisenden beides, körperliche und intellektuelle Geborgenheit, Schutz und Orientierung bieten können – und damit offenbar weit mehr als die eigenen vier Wände.

Von der doch erheblichen Differenz solcher Nächte zu denjenigen, die die Menschen für gewöhnlich zuhause verbringen, berichten viele Autoren. Der deutsche Naturforscher Eduard Poeppig, der in den 1820er- und 30er-Jahren die Anden bereist hat, spricht anlässlich einer Übernachtung unter freiem Himmel begeistert von einer „Nachtfeier, die so wenig mit der Prosa des europäischen Lebens gemein hatte […]."[9] An seiner Schilderung fällt als erstes auf, dass er dem Gehör eine hervorgehobene Rolle in der Wahrnehmung beimisst:

> *Die umgebende Stille ist tief, fast schaurig, und die am Tage wenig belebten Felsschluchten erscheinen nun doppelt erstarrt oder gleichsam erstorben, indem ihre Bewohner nur Tagetiere sind, die mit dem eintretenden Dunkel verschwinden. Kein Nachtschmetterling, den das Feuer blendete, kein summendes Insekt, selbst nicht der klägliche Ruf des chilenischen Caprimulgus vertreiben den Glauben, daß man das einzige lebende Wesen in der Mitte der weiten Wildnis sei. So groß ist die Leblosigkeit, welche hier für immer ihren Thron aufgeschlagen zu haben scheint, daß man fast Zweifel fühlen möchte, ob man als einer ihrer*

> *Bürger dieser vielbewegten Menschenwelt noch angehöre. Kaum vernehmbar tönt, auf dem leisen Nachtwind herbeigetragen, das Rauschen des entfernten Gebirgsstromes, und nur selten hört man ein dumpfes Rollen, was wohl auf keinen Fall vulkanisch ist, da es mit keinerlei Erschütterung verbunden auftritt, aber dem Chilenen bekannt und von ihm gläubig für ein Zeichen genommen wird, daß die Gebirge zürnen. Der Himmel glänzte mit den unzähligen Sternen des Südens, und eine ungewöhnliche Menge von sehr hellen Sternschnuppen durchschnitt das Firmament. Ein sehr schwer erklärliches, aber von vielen auch im niedrigen Lande bemerktes gelbliches Licht wurde periodisch zwischen den unfernen Bergjochen sichtbar, während die sparsamen Schneegipfel mit phosphorischem, aber gleich bleibendem Schein wie Geistergestalten leuchteten.*[10]

Die von Poeppig bemerkte „Leblosigkeit", die sich empirisch sicher auf die große Höhe der bereisten Andenregion zurückführen lässt, leitet er an dieser Stelle her von der „umgebende[n] Stille". Er spitzt seine Ohren und lauscht in die Nacht fast umsonst hinaus. In seltsamem Kontrast dazu steht die eindrückliche Visualität des Firmaments, das sich mit seinen unterschiedlichen Erscheinungen in dieser Nacht in seiner ganzen Pracht zeigt: Die Sterne funkeln, immer wieder ziehen Sternschnuppen ihre schnellen Bahnen, und verschiedene, teils unerklärliche Lichterscheinungen bringen zusätzliche Abwechslung in die Szenerie.

Vergleicht man Poeppigs Beschreibung mit den beiden Auszügen aus Stevensons Bericht, stellt man auffällige Gemeinsamkeiten aber auch einige Unterschiede fest. Beide Autoren erweisen sich als genaue Beobachter der Nacht. Während Stevenson in der zuerst zitierten Passage seine Beobachtungen sogleich in einen philosophischen Kontext einbindet, ähnelt die zweite Textstelle derjenigen Poeppigs, der seine Aussage mit einer ganzen Reihe einzelner Naturbeobachtungen belegen kann. Stevenson und Poeppig bemerken Licht- und Farbnuancen, unterscheiden ferner zwischen den zu einem Gesamteindruck verschmelzenden Sternen der Milchstraße (Stevenson) und einzelnen, sehr hellen Sternen abseits der Ebene unserer Galaxis (Poeppig). Poeppig setzt darin zugleich die Tradition des Südhimmellobs fort – ein Phänomen, das man seit den Zeiten Magellans bei europäischen Reisenden feststellen kann und das nicht von ungefähr an Dantes *Göttliche Komödie* erinnert. Zu den sich wiederholenden Gemeinplätzen der Himmelsbeobachtung gehört weiter, dass Poeppig die Beobachtung von Sternschnuppen erwähnenswert findet, vor allem aber, dass er auf die Unerklärlichkeit, ja Rätselhaftigkeit ‚himmlischer' Erscheinungen während der Nacht eingeht.

Der wohl eindrücklichste Unterschied zwischen beiden Autoren besteht darin, dass Poeppig um sich herum fast ausschließlich Leblosigkeit und Tod wahrnimmt, dies jedoch nicht negativ wertet. Die einzigen Zeichen von Lebendigkeit, seien sie akustisch oder optisch, sind bei ihm sporadischer Natur, kommen aus einer vagen Ferne oder sind ihrem Ursprung nach schwer zu deuten. Ganz anders beim reisenden Schriftsteller Stevenson: Für ihn strotzt die Nacht unter freiem Himmel nur so vor Kraft und Vitalität. Er spricht ausdrücklich nur dann von einer geheimnisvollen, schrecklichen, ja todesähnlichen Nacht, wenn die Menschen diese gerade nicht unter den Sternen zubringen.

Der Naturforscher Poeppig, der während der Nacht in einer so großen Höhe sich seiner Forschungsobjekte, den Pflanzen und Tieren, weitgehend beraubt sehen muss, betont in seinen Beobachtungen den Unterschied zum Tag, der ihm mannigfach Gelegenheit bietet, Exponate zu sammeln und wissenschaftlich zu klassifizieren. Stevenson, der sinnierende Literat, findet dagegen in der Nacht unter freiem Himmel zu sich selbst, da sie ihm den Abstand und Freiraum zur Reflexion ermöglicht, den er benötigt. So betont er ungleich stärker als Poeppig, den Unterschied zwischen der Nacht in der Natur und der – buchstäblich – kulturell domestizierten Nacht in festen Behausungen.

Robert Louis Stevenson und Eduard Poeppig, der Schriftsteller und der Naturforscher, schreiben in ihren Übernachtungspassagen über eine Spielart kultureller Andersartigkeit. Sie thematisieren eine Praxis, die schon zu ihrer Zeit ungewöhnlich war und die heute im Alltag der meisten Menschen keinen Platz mehr hat, weil ihre Türen zu Beginn der Nacht hinter ihnen ins Schloss fallen und deren dunkle, eigentliche Seite außen vor lassen. Die Nacht, mit der sie ihre Wohnungen bis zum nächsten Morgen teilen, ist eine gänzlich andere. Sie wird bestimmt von der ständigen Verfügbarkeit eines hellen, allenfalls noch dimmbaren Lichts, in dessen Schein Bücher gelesen, der Haushalt verrichtet und schließlich das weiche, warme Bett aufgeschlagen wird. Vor allem im 19. Jahrhundert hat diese künstliche Illumination – anfangs auf der Grundlage von Gas, später mit dem Siegeszug der Elektrizität – große Fortschritte gemacht.[11] Insofern wundert es nicht, dass mit Stevenson und Poeppig gerade zwei Zeitgenossen dieser Entwicklung das Auseinanderklaffen der Nächte zuhause und derjenigen auf ihren Reisen bemerken. Folgen kann auch der heutige Leser ihren Beobachtungen noch: Auch wir lassen die Dunkelheit kaum an uns heran, nicht in unsere Städte und Straßen. Damit schließen wir aber eben auch Erfahrungen aus, die Stevenson und Poeppig in ihren Berichten mit den Mitteln des Reisens und der Literatur für uns rekonstruieren.

Für die verständlicherweise besonders in Reiseberichten verbreiteten Bemühungen, das Neue, Andere, Ungewohnte – in welcher Form auch immer, und hier eben im Anblick eines fremden Sternenhimmels – den Lesern zu beschreiben und für unsere Kultur (wieder) einzufangen und zu erklären, hat die Wissenschaft einen eigenen Begriff gefunden. Forscher sprechen von Alteritätsdiskursen, und meinen damit kulturell vorgefertigte Formen des Redens über Andere(s) beziehungsweise über dasjenige, was Andere(s) (vermeintlich) anders macht. Fast schon zwangsläufig besteht die andere Seite bei diesem Festlegen des Anderen nun darin, unausgesprochen Aussagen darüber zu treffen, was man selbst ist (oder zu sein glaubt), mithin darin, gleichzeitig darüber zu reden, inwiefern man selbst nicht (oder gerade) anders ist als die Anderen/das Andere. Die Frage im Hinblick auf die Texte der oben genannten Autoren (und auch auf eine ganze Reihe weiterer ‚Himmelsberichterstatter', die hier schon zu Wort kamen) lautet nun: Wie positionieren sie sich, wenn sie solche ‚anderen' Situationen in so sehr von ihrer Alltags- und Tageserfahrung verschiedenen Nächten vor dem Leser ausbreiten? Und: Was eigentlich ist bei ihnen das Andere?

Autoren wie Stevenson, Poeppig, Rittlinger oder Fermor, die die unbekannte, dunkle Seite der Nacht auf ihren Reisen gesehen haben und in ihren Büchern davon berichten, schlagen sich, so könnte man den Eindruck vielleicht zusammenfassen, auf die Seite ebendieser Nacht, also auf die Seite dessen, was anders, was ungewohnt ist. Damit erzählen sie sich, wenigstens an diesen Stellen, von ihrem kulturellen *Background*, der städtischen Nacht im zivilisierten Europa des 19. und 20. Jahrhunderts, fort. Die Dunkelheit der Nacht in der freien Natur und ihr Sternenhimmel werden bei den Stevensons und Poeppigs zu Verbündeten eines anderen, eines ungebundenen Lebens, zu neuen Gefährten eines reisenden und erzählenden Ichs, das sich einer lebensweltlichen Differenzerfahrung ausgesetzt sieht, die philosophische Überlegungen anstößt. Die Textausschnitte stehen damit auch für eine weitere Überhöhung (oder Verdichtung) der bereits außergewöhnlichen Erfahrung des Reisens. Dem durch das erzählende Ich vermittelten realen Autor gelingt eine Durchbrechung gewohnter Anordnungen: Mit dem physikalischen Licht der Sterne in den Augen wird der ideelle Blick frei für eigenkulturelle, gemeinhin als selbstverständlich geltende und kaum der Rede wert erscheinende beziehungsweise unhinterfragbare ‚Sachverhalte'. In seinem „phosphorische[n]" (Poeppig) Schein, welcher gegenüber dem Tageslicht noch die Welt der physischen Dinge verunschärft, gewinnen insbesondere für Stevenson nun ideelle Alternativen an Deutlichkeit. Kurz: Die Autoren erzählen diese Nacht zwar als eine fundamental andere, fühlen sich ihr aber durchaus nahe und verbunden. Dass dieser Akt der Verbrüderung, der Identifikation mit dem Außen der eigenen Kultur längst selbst wieder eine kulturell vorgelebte Denkfigur darstellt, dass hier mithin letztlich ein Natur-Romantizismus am Werk ist – steht auf einem anderen Blatt.

Hinter der veränderten Sichtweise, die das Fremde nicht mehr nur in einer feindlichen Natur oder den Menschen eines fernen Landes erwartet, sondern nun auf einmal auch innerhalb des eigenen, illuminierten Kulturkreises erblickt – also genau dort, wo bislang alles so vertraut und ganz normal erschien – verbirgt sich eine immense Emanzipationskraft. Im Buch eines weiteren reisenden Forschers und Schriftstellers des 19. Jahrhunderts kann sich der Leser an einer Stelle ein plastisches Bild davon machen, und die Sterne sind auch hier zugegen. Adelbert von Chamisso – mehrmals war hier bereits von dem bekannten Autor des *Peter Schlemihl*, der literarischen Märchenfigur, die ihren Schatten an den Teufel verkauft, zu lesen – bringt das Befremden beim Blick in den ‚kulturellen Rückspiegel' im Zusammenhang mit seinen Übernachtungserfahrungen szenisch zugespitzt auf den Punkt. Chamisso spricht in seiner *Reise um die Welt* generell Probleme mit der eigenen Kultur an, genauer gesagt: mit der Art und Weise, wie ihn deren Vorgaben und Normen auf seiner Forschungsreise einengen, wie diese die Kontaktaufnahme mit fremden Kulturen und die wissenschaftliche Erschließung neu entdeckter Landstriche behindert. Mehrmals bringt er rückblickend sein Missfallen darüber zum Ausdruck und artikuliert es insbesondere auch dort, wo es um eine Übernachtung unter freiem Himmel geht. So beklagt er sich darüber, dass es zu einem späteren Zeitpunkt der Reise den Passagieren durch den Kapitän des Schiffes unmöglich gemacht wurde, an Deck – und damit unter den Sternen – zu übernachten.[12] Der bemitleidenswerte Chamisso findet sich also selbst auf seiner Reise in entferntes-te Weltgegenden am Schluss doch wieder *ein*gesperrt – in Stevensons enge, tote, himmellose Kammer der heimischen Kultur. Und damit gleichzeitig *weg*gesperrt vom Licht der Sterne.

Das Erlebnis, dass sich das, was fernab unserer Zivilisation zwischen Sonnenuntergang und Sonnenaufgang am Himmel sichtbar wird, zuweilen deutlich unterscheidet von dem, was wir zuhause ‚Nacht' zu nennen pflegen, mag für die Autoren ein vorliterarischer Anlass sein, dieselbe unter freiem Himmel zu suchen und die dabei gemachte Erfahrung sprachlich zu verdichten, ja in Form von Literatur selbstreflexiv und selbstkritisch gegen die eingefahrenen Gewohnheiten zu wenden.

So würde man jedenfalls mit der Weitwinkel-Brille des Kulturhistorikers die Texte lesen. Der Leser, der sich dagegen eingehend für Literaturgeschichte interessiert, mag in den Übernachtungsszenen vielleicht eher ein Motiv wiedererkennen, das ursprünglich aus der antiken Schäferdichtung stammt. Dort findet sich der *locus amoenus*, ein lieblich-idyllischer Ort inmitten einer edlen, zivilisationsfernen Natur, die ganz ursprünglich von friedlichen Hirten und ihren Herden bevölkert ist. Das erinnert zumindest ein wenig an Stevensons Nachtlager, das er „among the pines" aufschlägt. Zieht man eine derartige Lesart der Textstellen heran, verstärkt sich jedoch der oben dargelegte, zwiespältige Eindruck: Zwar liegt auch dem *locus amoenus* ein zivilisationskritisches Ideal zugrunde, da die Gattungstradition der Schäferdichtung die Vorstellung eines vorzivilisatorischen, zugleich besseren, eines so genannten Goldenen Zeitalters mit sich führt. Andererseits reihen sich die Erzähler der Sternennächte mit ihrem Anschluss an Elemente der bukolischen Tradition *de facto* zugleich in (literarische Gattungs-)Konventionen ihres eigenen Kulturkreises ein – und bestätigen diesen damit in gewisser Weise wieder. Gelingt die Flucht vor der zivilisatorisch ausgeleuchteten Nacht während der Reise noch, so erweisen sich in der sprachlichen Inszenierung einer dort vorgefundenen, ‚anderen' Dunkelheit die Konventionen einer Gattungstradition also nach wie vor als wirksam.

An diesen Widersprüchen, so es denn welche sind, stoßen sich die Autoren nicht unbedingt. Ihnen geht es als Ausharrende unter dem Sternenzelt in erster Linie um eine sprachliche Feier dieser Nächte, um an Eduard Poeppigs Bild anzuschließen. Und die Mittel und Gesetze der sprachlichen Gestaltung eignen sich, das legt zumindest die weite Verbreitung solcher Übernachtungsszenen nahe, hervorragend dazu, solche Nächte in ihrer ganzen Eindrücklichkeit wieder aufleben zu lassen.

Das Heraufziehen, der Triumph und das Zurückweichen der nächtlichen Dunkelheit sind in ihrer literarisierten Form keineswegs nur an den Verlauf einer einzelnen Nacht gebunden. Der Reiseliterat und Journalist Wolfgang Büscher breitet ein auf dem Höhepunkt sternengekröntes Panorama der Nacht von den Nachmittagsstunden bis zum frühen Morgen vor seinen Lesern aus. Doch ‚verwendet' er dazu mehr als eine einzelne, kurze Passage der Reflexion und – mehr als nur eine Nacht. In den sechs Reiseberichten, die Büscher in dem Band *Asiatische Absencen* vereint, reist der Erzähler nicht nur durch und in verschiedenen Ländern und Regionen Asiens. Er durchquert in ihrem Verlauf auch einen zeitlichen Erfahrungsraum, der aus den wechselnden Helligkeiten der fortschreitenden Tages- und Nachtzeiten gebildet wird und seine Konturen aus der Magie der vielen kleinen Augenblicke gewinnt, die der Autor wie an einer Perlenkette aufreiht:

> *Später, als alle verzaubert waren, als das langsam, unendlich langsam abnehmende Licht auf den Gesichtern leuchtete und sogar der Professor […] dem Moment erlag […]*

Und es wurde blau – das kostbare letzte Blau des Himmels über dunklen Bäumen, bevor die Nacht kommt.

Ich sah die Hand vor Augen nicht. Es war nicht Dunkelheit, in der Omar mich zurückließ, es war vollkommene Schwärze. Kein Stern, kein Licht […]

Die Sterne waren aufgezogen wie sonst, unfaßbar blank und nah […]

Der Morgen, an dem ich an Bord ging, war aus Regen und rotem Lehm gemacht. Dicht und still und warm fiel der Regen, wie ein unentrinnbares Los.[13]

So hat jede Feier einmal ein Ende und unausweichlich kehrt mit jedem Morgen der helle Tag zurück. Mit seinem Licht lässt er dasjenige der Sterne schnell verblassen und verwischt mit neuem Regen auch ein wenig die Erinnerung an sie. Der Reisende sucht seine Sachen zusammen und macht sich wieder auf den Weg. Mit klammen Gliedern zwar, doch noch ein wenig mit dem Glanz der Nacht in seinen Augen.

Anmerkungen

1 Patrick Leigh Fermor: *Die Zeit der Gaben. Zu Fuß nach Konstantinopel: Von Hoek van Holland an die mittlere Donau.* Frankfurt am Main: Fischer 2007 (1977); S. 76.

2 Ewan McGregor/Charley Boorman/Jeff Gulvin: *Long Way Down. Von Schottland nach Kapstadt.* München: Piper (Malik/National Geographic) 2009; S. 25.

3 A. Roger Ekirch: *In der Stunde der Nacht. Eine Geschichte der Dunkelheit.* Bergisch Gladbach: Lübbe 2006; S. 183.

4 Robert Louis Stevenson: *Travels with a Donkey in the Cévennes.* London: Penguin Books 2004 (1879); S. 56. Das Zitat am Anfang dieses Kapitels findet sich dort auf S. 82.

5 Ebd., S. 57.

6 Herbert Rittlinger: *Ganz allein zum Amazonas. Auf reißenden Flüssen zum Meer der Ströme und Wälder.* Frankfurt am Main: Büchergilde Gutenberg 1977 (1958); S. 159.

7 Ebd., S. 160.

8 Patrick Leigh Fermor: *Zwischen Wäldern und Wasser. Zu Fuß nach Konstantinopel: Von der mittleren Donau bis zum Eisernen Tor. Der Reise zweiter Teil.* Frankfurt am Main: Fischer 2008 (1986); S. 325.

9 Eduard Poeppig: *Reise nach den Anden von Santa Rosa.* In: Im Banne der Anden. Reisen deutscher Forscher des 19. Jahrhunderts. Hrsg. von Herbert Scurla. Berlin: Verlag der Nation [4]1982 (1835/36); S. 186.

10 Ebd.

11 Vgl. dazu das Buch von Wolfgang Schivelbusch: *Lichtblicke. Zur Geschichte der künstlichen Helligkeit im 19. Jahrhundert.* München und Wien: Carl Hanser 1983 (Frankfurt am Main: Fischer Taschenbuch Verlag 2004).

12 Vgl. Adelbert von Chamisso: *Reise um die Welt.* Berlin: Aufbau 2001 (1835); S. 52.

13 Die einzelnen Zitate sind der Reihe nach entnommen: Wolfgang Büscher: *Asiatische Absencen.* Berlin: Rowohlt 2008; S. 25; S. 37; S. 40; S. 50; S. 58.

Heim-Leuchten

Lichtblicke der städtischen Nacht

Wen die Sterne, die Wege dorthin und die Beschäftigung der Reiseberichte mit diesen nicht immer von Anfang an geplanten Annäherungsversuchen interessieren, wird heute zweierlei beobachten: Einerseits den zunehmenden Rückzug und in letzter Konsequenz das gänzliche Verschwinden der nächtlichen Dunkelheit durch die Ausbreitung künstlicher Lichtquellen. Die Wege zu den Sternen müssen so gesehen immer länger werden, immer abgelegenere Gebiete erschließen – sofern sie überhaupt noch zum Ziel führen. Hilfestellung bei der Auswahl astronomisch einträglicher Reiseziele ist für den Suchenden offenbar schon angezeigt, und er findet sie beispielsweise in populärastronomischen Zeitschriften.[1] Zur gleichen Zeit kann sich der Leser andererseits durch eine publizistische Feier der Sternenpracht blättern, in neueren Reiseberichten wird er dabei sicherlich auch fündig (unter anderem in den *Absencen* von Wolfgang Büscher), besonders aber fällt auf, dass die geschulten Augen weitgereister Fotografen am Werk waren. Die scheinbar nun endgültig zu langen und strapazenreichen Wege zu den Sternen kann man sich so gesehen vollends sparen, da man ihr perfektes (und eben nicht mehr nur ihr sprachliches) Abbild zuhause in den Händen hält.

Die erste Entwicklung, der allzu sorglose Umgang unserer elektrifizierten Zivilisation mit Kunstlicht und die fatalen Auswirkungen auf die Sichtbarkeit des Sternenhimmels, genießt schon seit einigen Jahren vermehrt Aufmerksamkeit. Zunächst vor allem von Umweltschützern und Astronomen angeprangert, ist zunehmend auch einer breiteren Öffentlichkeit ‚Lichtverschmutzung' ein Begriff geworden. Inzwischen stolpert man auch in den Buchregalen über ihn.[2]

Am Ende *seines* Weges hätte dieses Buch, das von einer besonderen Spielart der kulturellen Einverleibung des Sternenhimmels handelt, auch zeigen wollen, dass durch die Lichtverschmutzung eben keine – oder nicht in erster Linie eine – *Natur*erscheinung in Mitleidenschaft gezogen wird, sondern dass damit ein *kultureller* Verlust einhergeht. Und wie bei so vielem hat sich hier eine ursprüngliche Bedrohung in ihr Gegenteil verkehrt: Nicht auf den Menschen drohen die Sterne als Zeichen der göttlichen Sphäre herab. Er ist es, der diese Zeichen bis zur Unkenntlichkeit verwischt, der den Himmel mehr und mehr ausblendet, indem er ihn überblendet.

Mit dem Begriff ‚Lichtverschmutzung' ist ein plastisches Wort für diese Entwicklung gefunden. Doch noch dringen die warnenden Stimmen nicht ganz durch, und nahezu global gilt unausgesprochen das Credo „Lustpotenz durch Lichtopulenz".[3] Vor diesem Hintergrund kommt der Kulturtechnik ‚Reisen' eine zwiespältige Rolle zu: Reisen kann heute bedeuten, eine Auszeit vom permanent illuminierten Alltag zu nehmen. Nur noch selten geht es dabei ins ‚Herz der Finsternis', dann und wann aber wenigstens an den Rand der Dunkelheit – beispielsweise nach Nordafrika, in die Hochalpen, auf die Kanarischen Inseln oder in die Weiten Skandinaviens.

Wir Reisenden sind aber auch selbst Teil des Problems, und sicher nicht der geringste. Unsere Art ‚Urlaub zu machen' – die Infrastruktur aus Verkehrswegen, Transportmitteln und Wohlfühloasen einzufordern und in Anspruch zu nehmen – trägt das künstliche Licht immer weiter in die Welt hinaus. Auf den inzwischen nicht mehr überall so beschwerlichen Wegen zu den Sternen verbreiteten wir es so sukzessive, schleppen es mehr und mehr in die Dunkelheit ein.

Die zweite Entwicklung ist daher sicherlich auch als Kompensation zu deuten. Anscheinend erzeugt eine ungestillte Sehnsucht nach dem Sternendunkel oder nach seiner ästhetischen Inszenierung, wenn es schon realiter nur so umständlich zu haben ist, eine buchmarktrelevante Nachfrage nach opulent aufgemachten Publikationen. So genannte ‚Pretty Pictures' werden mal mit hoher Brennweite an Großteleskopen gewonnen, mal mit kleinen, digitalen Spiegelreflexkameras fast schon aus der Hüfte geschossen und in rascher Folge veröffentlicht.[4] Der Sternenhimmel liegt dann als Coffee-Table Book im Wohnzimmer oder ziert den Desktop des Computers. Weite Wege kann man sich damit fast schenken, das abfotografierte Sternenprangen funktioniert am Besten im Schein der heimischen Wohnzimmerlampe.

Aber was, wenn wir uns zwischen Bildband und Bildschirm, Fernrohr und Fernreise doch einmal für eine dritte Option entscheiden und uns nachts kurz entschlossen vor die heimische Tür begeben? Wenn wir uns spontan die Beine vertreten und damit in den städtischen Lichtraum eindringen – und nicht nur unser Fensterschein-Scherflein dazu beitragen? Dann bietet sich uns, wie dem Betrachter der berühmten Fotografie von Julius Shulman, die eine über Los Angeles thronende Villa, das so genannte ‚Stahl House', und im Hintergrund das Lichtermeer der Stadt zeigt, auch hier ein durchaus beeindruckendes Lichterspiel. Auf einem Abendspaziergang erscheint dieses Leuchten der Heimat, wenigstens von bevorzugten Plätzen aus und vielleicht auch nur für wenige Augenblicke, selbst dem Himmelskundigen so anders als das der Sterne dann doch nicht mehr.

Von diesen Blicken auf die sich in ihrem eigenen Licht selbst verklärende Metropole haben eingeschworene Stadt-Fans wie Flaneure und Nachtschwärmer schon oft berichtet. Und immerhin scheint man auch hier – wo viel Licht ist, ist auch viel Schatten – eine Art nächtliche Dunkelheit zu finden. Sonst könnte man sie ja nicht feiern:

Ich hab die Dunkelheit gesehen, wie sie kein Auge vorher sah. Ich hab die Nacht in voller Pracht in allen Farben funkeln sehen.

Kante, Ich hab's gesehen[5]

Anmerkungen

1 Vgl. *Interstellarum. Die Zeitschrift für praktische Astronomie.* Sonderheft 1/2010: Astro-Reisen. Traumziele für Sternfreunde.

2 Vgl. Thomas Posch/Anja Freyhoff/Thomas Uhlmann (Hgg.): *Das Ende der Nacht: Die globale Lichtverschmutzung und ihre Folgen.* Weinheim: Wiley-VCH Verlag 2009. Eigentlicher Raum für den Begriff ist das Internet, zum Beispiel unter www.lichtverschmutzung.de.

3 Ulrich Land: *Am Rande der High-Light-Gesellschaft. Lichtbilder von einer Reise in die Dunkelheit.* In: Evangelische Akademie Baden (Hg.): Geblendete Welt. Der Verlust der Dunkelheit in der High-Light-Gesellschaft. Karlsruhe: epb 1997; S. 10.

4 Exemplarisch für letztere Technik: Stefan Seip/Gernot Meiser/Babak Amin Tafreshi (Hgg.): *Zauber der Sterne: Die Wunder des Firmaments über den schönsten Landschaften der Erde.* Stuttgart: Kosmos Verlag 2010. Auch hier bedient das Internet die ständige Nachfrage inzwischen konsequenter, zum Beispiel auf der Seite *The World at Night* (www.twanight.org).

5 Kante: *Ich hab's gesehen* (aus dem Album *Die Tiere sind unruhig*, EMI 2006).

Literaturverzeichnis

Reiseberichte

Altmann, Andreas: *Im Land der Regenbogenschlange. Unterwegs in Australien.* Reinbek bei Hamburg: Rowohlt 2010.

Bayer, Karl: *Periplus Hannonis.* In: Gaius Plinius Secundus d. Ä., Naturkunde (Historia naturalis), lateinisch – deutsch. Buch V. Zürich und München: Artemis Verlag 1993 (Sammlung Tusculum).

Bougainville, Louis-Antoine de: *Reise um die Welt. Über Südamerika und durch den Pazifik zurück nach Frankreich 1766–1769.* Herausgegeben und übersetzt von Lars M. Hoffmann. Wiesbaden: marixverlag (Edition Erdmann) 2010. [zuerst F. 1771]

Büscher, Wolfgang: *Berlin – Moskau. Eine Reise zu Fuß.* Reinbek bei Hamburg: Rowohlt 2003.

Ders.: *Deutschland, eine Reise.* Berlin: Rowohlt 2005.

Ders.: *Asiatische Absencen.* Berlin: Rowohlt 2008.

Chamisso, Adelbert von: *Reise um die Welt.* Berlin: Aufbau 2001 [zuerst 1835].

Dante Alighieri: *Die Göttliche Komödie.* Frankfurt am Main und Leipzig: Insel 2002 [Entstehung um 1320].

Darwin, Charles: *Reise um die Welt 1831–36.* Stuttgart und Wien: Erdmann [6]1986 [zuerst Engl. 1839 als Journal-Fassung].

Drinneberg, Erwin: *Von Ceylon zum Himalaja. Ein Reisebuch.* Berlin: Wegweiser-Verlag/Volksverband der Bücherfreunde 1926.

Fermor, Patrick Leigh: *Die Zeit der Gaben. Zu Fuß nach Konstantinopel: Von Hoek van Holland an die mittlere Donau.* Frankfurt am Main: Fischer 2007 [zuerst Engl. 1977].

Ders.: *Zwischen Wäldern und Wasser. Zu Fuß nach Konstantinopel: Von der mittleren Donau bis zum Eisernen Tor. Der Reise zweiter Teil*. Frankfurt am Main: Fischer 2008 [zuerst Engl. 1986].

Ders.: *Der Baum des Reisenden. Eine Fahrt durch die Karibik*. Zürich: Dörlemann 2009 [zuerst Engl. 1950].

Forster, Georg: *Reise um die Welt*. Frankfurt am Main: Insel Verlag 1983 [zuerst Engl. 1777; Dt. 1778–80].

George, Stefan: *Dante, Die Göttliche Komödie: Übertragungen*. In: Stefan George. Sämtliche Werke in 18 Bänden. Band X/XI. Stuttgart: Klett-Cotta 1988.

Gautier, Théophile: *Reise in Andalusien*. München: Deutscher Taschenbuch Verlag 1994 [zuerst Franz. 1843].

Goeldlin, Michel und Yucki: *Die Spur der Gischt. Mit dem Frachter über die Weltmeere*. München: Goldmann/National Geographic 2003 [zuerst Franz. 2001].

Goethe, Johann Wolfgang: *Italienische Reise*. München: Carl Hanser 1992.

Heine, Heinrich: *Die Harzreise*. Stuttgart: Phillip Reclam 1955 [zuerst 1826].

Heyerdahl, Thor: *Kon-Tiki. Ein Floß treibt über den Pazifik*. Frankfurt am Main: Ullstein 1994 [zuerst 1949].

Hoffmeister, Cuno: *Sterne über der Steppe. Das Bild eines Landes – Südwestafrika*. Leipzig: VEB F.A. Brockhaus ^{2}1955.

Humboldt, Alexander von: *Ansichten der Natur*. Frankfurt am Main: Eichborn 2004 [zuerst 1807].

Ders.: *Reise in die Aequinoctial-Gegenden des neuen Continents. Band 1*. In deutscher Bearbeitung von Hermann Hauff. Nach der Anordnung und unter Mitwirkung des Verfassers. Einzige von A. v. Humboldt anerkannte Ausgabe in deutscher Sprache. Stuttgart: J. G. Cotta 1865 (E-Book 22492, Release 3. September 2007, Projekt Gutenberg E-Book; http://www.gutenberg.org/dirs/2/2/4/9/22492/).

Kerkeling, Hape: *Ich bin dann mal weg. Meine Reise auf dem Jakobsweg*. München: Malik 2006.

Kingsley, Mary: *Travels in West Africa*. London: The Folio Society 2007 [zuerst 1897].

Kolumbus, Christoph: *Bordbuch. Aufzeichnungen seiner ersten Entdeckungsfahrt nach Amerika 1492–93.* Kreuzlingen und München: Diederichs/Hugendubel 2006.

McGregor, Ewan/Charley Boorman/Jeff Gulvin: *Long Way Down. Von Schottland nach Kapstadt.* München: Piper (Malik/National Geographic) 2009.

Meyer, Hans: *Die Erstbesteigung des Kilimandscharo.* Lenningen: Edition Erdmann 2001 [zuerst als „Ostafrikanische Gletscherfahrten. Forschungsreisen im Kilimandscharo-Gebiet", 1890].

Montaigne, Michel de: *Tagebuch einer Reise durch Italien[,] die Schweiz und Deutschland in den Jahren 1580 und 1581.* Hrsg. und aus dem Französischen übertragen von Otto Flake. Frankfurt am Main: Insel Verlag 1988 [zuerst Franz. 1774].

Poeppig, Eduard: *Reise nach den Anden von Santa Rosa.* In: Im Banne der Anden. Reisen deutscher Forscher des 19. Jahrhunderts. Hrsg. von Herbert Scurla. Berlin: Verlag der Nation [4]1982 [zuerst 1835/36]; S. 138–221.

Polo, Marco: *Die Wunder der Welt – Il milione. Übersetzt aus altfranzösischen und lateinischen Quellen und mit einem Nachwort von Else Guignard.* Frankfurt am Main und Leipzig: Insel Verlag 2003.

Rittlinger, Herbert: *Ganz allein zum Amazonas. Auf reißenden Flüssen zum Meer der Ströme und Wälder.* Frankfurt am Main: Büchergilde Gutenberg 1977 [zuerst 1958].

Seume, Johann Gottfried: *Spaziergang nach Syrakus im Jahre 1802.* Frankfurt am Main und Leipzig: Insel Verlag 2010 [Textbasis: zweite Auflage 1805].

Shackleton, Sir Ernest: *Mit der Endurance ins ewige Eis. Meine Antarktisexpedition 1914–1917.* München: Piper 2006 [zuerst Engl. 1919].

Stevenson, Robert Louis: *Travels with a Donkey in the Cévennes.* London: Penguin Books 2004 [zuerst 1879].

Stevenson, Seth: *Grounded. A Down to Earth Journey Around the World.* New York: Riverhead Books 2010.

Steub, Ludwig: *Alpenreisen.* Hrsg. von Ludwig Merkle. München: Ernst Heimeran Verlag (Büchergilde Gutenberg) 1978 [zuerst 1846 – 1880].

Twain, Mark: Post aus Hawaii. Hrsg. und übersetzt von Alexander Pechmann. Hamburg: mareverlag 2010 [zuerst Engl. 1967; urspr. Zeitungsbeiträge 1866].

Sekundärliteratur

Blumenberg, Hans: *Die Vollzähligkeit der Sterne.* Frankfurt am Main: Suhrkamp 2000.

Böhme, Gernot: *Dämmerung.* In: Evangelische Akademie Baden (Hg.): Geblendete Welt. Der Verlust der Dunkelheit in der High-Light-Gesellschaft. Karlsruhe: epb 1997; S. 81–95.

Bordwell, David: *Narration in the Fiction Film.* London: Routledge 1986.

Brenner, Peter J.: *Der Reisebericht in der deutschen Literatur. Ein Forschungsüberblick als Vorstudie zu einer Gattungsgeschichte.* Tübingen: Max Niemeyer 1990.

Bronfen, Elisabeth: *Tiefer als der Tag gedacht. Eine Kulturgeschichte der Nacht.* München: Hanser 2008.

Capus, Alex: *Reisen im Licht der Sterne. Eine Vermutung.* München: btb 2007.

Cartier, Stephan: *Weltenbilder. Eine Kulturgeschichte des Himmels.* Leipzig: Reclam 2002.

Chatwin, Bruce: *Es ist eine nomadische Nomadenwelt.* In: Jan Borm und Matthew Graves (Hgg.): Bruce Chatwin. Der Traum des Ruhelosen. Frankfurt am Main: Fischer 1998; S. 128–135 [zuerst Engl. 1970].

Cornish, Alison: *Reading Dante's Stars.* New Haven, Connecticut: Yale University Press 2000.

Eichendorff, Joseph von: *Aus dem Leben eines Taugenichts.* Stuttgart: Klett 1984 [zuerst 1823/26].

Ekirch, A. Roger: *In der Stunde der Nacht. Eine Geschichte der Dunkelheit.* Bergisch Gladbach: Lübbe 2006.

Hachtmann, Rüdiger: Tourismus-Geschichte. Göttingen: Vandenhoeck & Ruprecht 2007.

Hamel, Jürgen: *Geschichte der Astronomie. In Texten von Hesiod bis Hubble.* Essen: Magnus ²2004.

Herrmann, Dieter B.: *Der Zyklop. Die Kulturgeschichte des Fernrohrs.* Braunschweig: Westermann 2009.

Interstellarum. Die Zeitschrift für praktische Astronomie. Sonderheft 1/2010: Astro-Reisen. Traumziele für Sternfreunde.

Kant, Immanuel: *Beobachtungen über das Gefühl des Schönen und Erhabenen.* In: Rolf Toman (Hrsg.): Immanuel Kant. Werke in sechs Bänden – Band 1: Träume eines Geistersehers und andere vorkritische Schriften. Köln: Könemann 1995 [zuerst 1764]; S. 191–255.

Knoll, Gabriele M.: *Kulturgeschichte des Reisens. Von der Pilgerfahrt zum Badeurlaub.* Darmstadt: Primus Verlag 2006.

Krupp, E. C.: *Sky Tales and why we tell them.* In: Helaine Selin/Sun Xiaochun (Hgg.): Astronomy across Cultures. The History of Non-Western Astronomy. Dordrecht, Boston und London: Kluwer Academic Publishers 2000; S. 1–30.

Land, Ulrich: *Am Rande der High-Light-Gesellschaft. Lichtbilder von einer Reise in die Dunkelheit.* In: Evangelische Akademie Baden (Hg.): Geblendete Welt. Der Verlust der Dunkelheit in der High-Light-Gesellschaft. Karlsruhe: epb 1997; S. 9–37.

Liesemer, Dirk: *Das Abenteuer der ,Kon-Tiki'.* In: GEOkompakt Nr. 22: Abenteuer Expedition. Hamburg: Gruner + Jahr 2010; S. 100–111.

Osterhammel, Jürgen: *Die Verwandlung der Welt. Eine Geschichte des 19. Jahrhunderts.* Bonn: Bundeszentrale für politische Bildung 2010 (München: C.H. Beck 2009).

Ovid: *Metamorphosen. Aus dem Lateinischen von Erich Rösch.* München: Deutscher Taschenbuch Verlag 1997 [entstanden um 10 n. Chr.].

Panek, Richard: *Das Auge Gottes. Das Teleskop und die lange Entdeckung der Unendlichkeit.* Stuttgart: Klett-Cotta 2001.

Posch, Thomas/Anja Freyhoff/Thomas Uhlmann (Hgg.): *Das Ende der Nacht: Die globale Lichtverschmutzung und ihre Folgen.* Weinheim: Wiley-VCH Verlag 2009.

Richter, Dieter: *Der Süden. Geschichte einer Himmelsrichtung.* Berlin: Wagenbach 2009.

Ridpath, Ian/Will Tirion: *Der große Kosmos-Himmelsführer. Der nördliche und südliche Sternenhimmel.* Stuttgart: Franckh 1987.

Ringelnatz, Joachim: *In See*. In: Nicht schon wieder Wellen! Hinterhältige Geschichten vom Meer. Ausgewählt von Daniel Kampa und Winfried Stephan. Zürich: Diogenes Verlag 2010; S. 266–278.

Schivelbusch, Wolfgang: *Lichtblicke. Zur Geschichte der künstlichen Helligkeit im 19. Jahrhundert*. München und Wien: Carl Hanser 1983 (Frankfurt am Main: Fischer Taschenbuch Verlag 2004).

Schweikle, Irmgard: *Eintrag „Topos"*. In: Günther und Irmgard Schweikle (Hgg.): Metzler Literatur Lexikon. Begriffe und Definitionen. Stuttgart [2]1990; S. 467f.

Seip, Stefan/Gernot Meiser/Babak Amin Tafreshi (Hgg.): *Zauber der Sterne: Die Wunder des Firmaments über den schönsten Landschaften der Erde*. Stuttgart: Kosmos Verlag 2010.

Stifter, Adalbert: *Bunte Steine. Erzählungen*. Philipp Reclam: Ditzingen 1994.

Twain, Mark: *The Adventures of Huckleberry Finn*. London: Penguin Books 1994 [zuerst Engl. 1885].

Internetseiten

www.lichtverschmutzung.de

www.twanight.org

Songs

Kante: *Ich hab's gesehen* (aus dem Album *Die Tiere sind unruhig*, EMI 2006).

Pink Floyd: *Astronomy Domine* (aus dem Album *The Piper at the Gates of Dawn*, Columbia/EMI 1967).

Bildnachweis

Autor (S. 8)

© bpk / Lutz Braun; Standort: Frankfurt am Main, Freies Deutsches Hochstift / Frankfurter Goethe-Museum mit Goethe-Haus (S. 24)

Manuel Jung, Bern/Schweiz (S. 38)

Rudolf Dobesberger, Steyr/Österreich (S. 56)

Stefan Seip, Stuttgart – astromeeting.de (S. 72)

Mehdi Momenzadeh, Iran (S. 88)

Zeitfracht Medien GmbH
Ferdinand-Jühlke-Straße 7
99095 Erfurt, Deutschland
produktsicherheit@kolibri360.de